0・1・2歳児の 手あそび・ふれあいあそび歌 45

すぐ使える CD付き!

JN051824

保育の中で毎日使える、
手あそび歌・ふれあいあそび歌が45作品。
保育の現場をよく知っているあそび歌作家さんが手がけた、
使いやすいものばかりを、
わかりやすいイラスト解説、CD付きでお届けします。

※子どもによっては、触られることが苦手だったり、触られるのが嫌な部位があったりすることがあります。
また、慣れていない大人とふれあうことが苦手なこともあります。よく子どもの様子を見ながら、子ども一人一人に合ったあそび方で楽しみましょう。

CONTENTS

4 ┃ 年齢・シーン検索早見表

6 ┃ 本書の特長と見方

8 ┃ ふわふわちょうちょ

9 ┃ こっくん こっくん

10 ┃ んーばっ！

11 ┃ ハハハのハクション

12 ┃ プープーふうせん

13 ┃ うにゅっ ぱー

14 ┃ きしゃぽっぽ

16 ┃ ぬりぬりチョン

18 ┃ ちゅるっちゅる

20 ┃ かぜさん ふー

21 ┃ おさんぽむしさん

22 ┃ ちょうちょのおさんぽ

24 ┃ ガブチョ

26 ┃ くっつきむーし

27 ┃ あらいぐま・ぐま

30 ┃ トンネルとんとん

31 ┃ じろりんこ

32 ┃ ゴリランラン

34 ┃ うめぼし

35 ┃ おはよ パッ！

36 ┃ トントンフリフリくるりんぱ

38 ┃ マイマイ行進曲

★この本に掲載したあそび歌は、2015-2019年に保育情報誌『あそびと環境0.1.2歳』『ピコロ』に掲載・収録されたものに、一部改訂を加えて構成したものです。

40 くさのなかから

41 子ネコのおにごっこ

42 わきばら

44 ラッコさんこんにちは

46 そんなにかわいいかおしたら

48 おきてよ おきて!!

49 にぎってね

50 おはなし おてて

52 カカール ケルカル

54 やっぱりキノコ

56 れいぞうこ

58 どうぶつでんしゃ

60 小さい怪獣体操

62 スケートアニマル体操

64 クリスマスどうします?

66 列車で出発!

67 ダルマさん

68 はじまるよ

70 イエイ イエイ イエーイ

72 おさんぽポッポー

74 ポンポン ポップコーン

76 さくらのダンス

77 サクラのはなびら ラッパパン

78 あそび歌作家プロフィール

年齢・シーン検索早見表

ページ／タイトル	0歳児向け	1歳児向け	2歳児向け	普段のあそびに	すきま時間に	親子のあそびに	ぐずったときに	朝の会など集まりのときに	行事のときに	生活の節目に	スキンシップに
P.8 ふわふわちょうちょ	●	●		●	●	●	●				●
P.9 こっくん こっくん	●	●					●			●	●
P.10 んーばっ！	●	●	●	●	●						●
P.11 ハハハのハクション	●	●		●	●						●
P.12 プープーふうせん	●	●		●	●	●					
P.13 うにゅっ ぱー	●	●		●	●	●	●				
P.14 きしゃぽっぽ	●	●		●	●						●
P.16 ぬりぬりチョン	●	●	●	●	●						●
P.18 ちゅるっちゅる	●	●	●	●	●						●
P.20 かぜさん ふー	●	●		●	●	●					
P.21 おさんぽむしさん	●	●		●	●	●				●	
P.22 ちょうちょのおさんぽ	●	●	●	●	●	●					●
P.24 ガブチョ	●	●		●	●	●					●
P.26 くっつきむーし	●	●	●	●	●	●		●			
P.27 あらいぐま・ぐま	●	●	●	●	●	●		●	●		
P.30 トンネルとんとん	●	●	●	●	●	●			●		
P.31 じろりんこ	●	●		●	●					●	
P.32 ゴリランラン	●	●	●	●		●			●		●
P.34 うめぼし	●	●		●	●	●					
P.35 おはよ パッ！		●	●	●	●			●			
P.36 トントンフリフリくるりんぱ	●	●	●	●		●					●
P.38 マイマイ行進曲	●	●	●	●	●				●	●	
P.40 くさのなかから		●	●	●	●						

ページ／タイトル	0歳児向け	1歳児向け	2歳児向け	普段のあそびに	すきま時間に	親子のあそびに	ぐずったときに	朝の会など集まりのときに	行事のときに	生活の節目に	スキンシップに
P.41 子ネコのおにごっこ	●	●		●	●	●					
P.42 わきばら	●	●	●	●	●						●
P.44 ラッコさんこんにちは	●	●	●	●		●		●			●
P.46 そんなにかわいいかおしたら	●	●	●	●							●
P.48 おきてよ おきて!!		●	●	●				●		●	
P.49 にぎってね	●	●	●	●	●	●					●
P.50 おはなし おてて		●	●	●				●			
P.52 カカール ケルカル	●	●	●	●	●	●		●			●
P.54 やっぱりキノコ	●	●	●			●			●		●
P.56 れいぞうこ		●	●			●					
P.58 どうぶつでんしゃ	●	●	●			●			●		●
P.60 小さい怪獣体操	●	●	●	●				●			
P.62 スケートアニマル体操	●	●	●	●					●	●	
P.64 クリスマスどうします？	●	●	●			●			●		
P.66 列車で出発！		●	●	●	●					●	
P.67 ダルマさん	●	●	●	●	●	●					
P.68 はじまるよ			●	●				●			
P.70 イエイ イエイ イエーイ			●	●				●			
P.72 おさんぽポッポー		●	●	●	●			●			
P.74 ポンポン ポップコーン	●	●	●	●		●				●	●
P.76 さくらのダンス		●	●			●		●	●		
P.77 サクラのはなびら ラッパパン		●	●					●	●		

本書の特長と見方

対象年齢の目安
あそびに適した年齢の目安を表示

おすすめシーン
あそびの目的やシーンをわかりやすく表示

CDトラックナンバー
オーディオCDに収録されている、あそび歌の番号

オーディオCD付き
すぐ活用できるあそび歌を、たっぷり45作品(46曲)収録。CDは巻末に付いています。

あそび歌の楽譜
さっとピアノで弾いたり、あそび方を覚えるのに便利

0〜2歳児

● CDNo.44

案●ジャイアンとばば

ポンポン ポップコーン

フライパンの上で、ポンポンと弾けるポップコーンが楽しい！
0歳児なら、ふれあいバージョンで、1〜2歳児なら、
手あそびバージョンで楽しんでみましょう。

普段のあそびに　親子のあそびに　生活の節目に　スキンシップに

---

0 歳児向け　あおむけになった子どもの体の上であそぶ、ふれあいバージョン。子どもの様子をよく見ながら行いましょう。

♪コロコロ コーン
コロコロ コーン

① 両手をグーにして、子どもの見えるところで、手首を回すように動かす。

♪フライパンに
ポンポポーン

② 子どもの体をフライパンに見立てて、体を優しくポンポンする。

♪あつ あつ あつ
あつ あつ あつ

③ 子どもの体をグーの手でなでる。

♪はじけて
ポンポポーン
ポンポン

④ 片手すつ交互に、子どもの体をつまむようにふれる。

♪ポップコーン

⑤ 両手で子どもの体をつまむようにふれる。

♪ふわふわ カリカリ

⑥ つまんで食べるふりをする。

♪うまうま

⑦ 子どものほおを優しくポンポンと触る。

♪ポンポン ポップコーン
ポンポン ポンポン
ポップコーン
⑧ 「♪ポンポン」は④と同様、「♪ポップコーン」は⑤と同様にしてあそぶ。

ポンポン ポップコーン

作詞・作曲／ジャイアンとばば

コロコロ コーン コロコロ コーン フラーイパンに ポン ポ ポーン　あつあつあつ あつあつあつ は じ けて ポン ポ ポーン

ポン ポン ポップ コーン　ふわふわカリカリ うまうまー　ポン ポン ポップ コーン ポンポンポンポン ポップ コーン

74

6

この本では、年齢やシーン別など、目的に合ったあそび歌を、45作品（46曲）紹介しています。
付属のオーディオCDに全曲収録。あそび歌がたっぷり入っているので、一年中楽しめます。
日々の保育に、ぜひお役立てください。

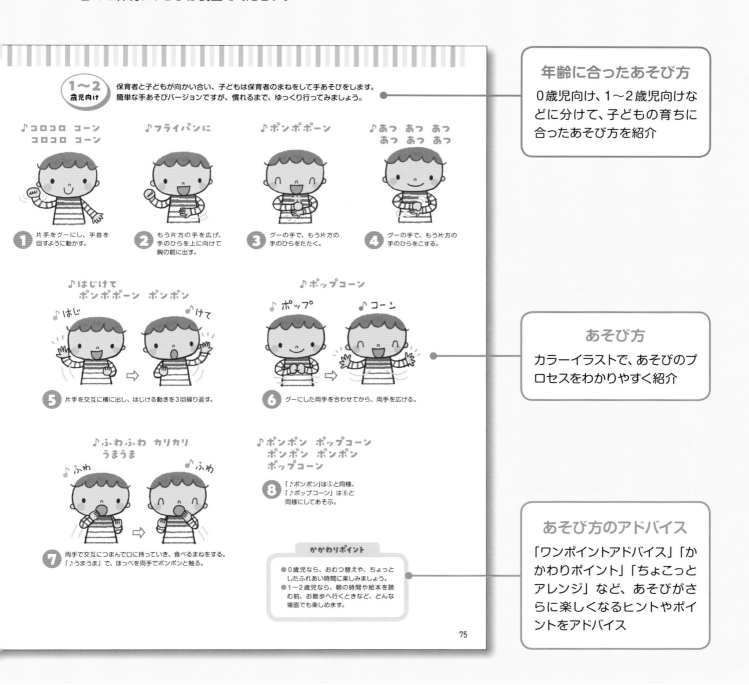

年齢に合ったあそび方
0歳児向け、1〜2歳児向けなどに分けて、子どもの育ちに合ったあそび方を紹介

あそび方
カラーイラストで、あそびのプロセスをわかりやすく紹介

あそび方のアドバイス
「ワンポイントアドバイス」「かかわりポイント」「ちょこっとアレンジ」など、あそびがさらに楽しくなるヒントやポイントをアドバイス

ふわふわちょうちょ

ちょうちょさんが体を優しくなでたり、つんつんしたり、こちょこちょくすぐったりと、優しいふれあいあそびです。

CD No.01

案●ジャイアンとぱぱ

普段のあそびに	すきま時間に	親子のあそびに	ぐずったときに	スキンシップに

1番 ♪ちょうちょさんが ふわふわ おかおに とまった   ♪（ピタ）   ♪ふわふわ ふわふわ やさしい ちょうちょさん

① 両手でチョウチョを作り、子どもの顔の近くで飛んでいるように動かす。

② 子どものほおに手を当てる。

③ そのままの手で、子どものほおを優しくなでる。

2番 ♪ちょうちょさんが ふわふわ おててに とまった   ♪（ピタ）   ♪チューチュー チューチュー みつをすう ちょうちょさん

① 1番の①と同じ。

② 子どもの片方の手を、手のひらを上にして持ち、人さし指を「ピタ」と当てる。

③ 手のひらから腕にかけてつんつんと、触っていく。

3番 ♪ちょうちょさんが ふわふわ おなかに とまった   ♪（ピタ）   ♪パタパタパタパタ くすぐったい ちょうちょさん

① 1番の①と同じ。

② 子どものおなかに①と同様にした手を当てる。

③ おなかからわきにかけて、こちょこちょとくすぐる。

ふわふわちょうちょ

作詞・作曲／ジャイアンとぱぱ

1. ちょうちょ さんが ふわふわ おかおにとまった （ピタ） ふわ ふわ ふわふわ やさ しい ちょう ちょさん
2. ちょうちょ さんが ふわふわ おててにとまった （ピタ） チューチュー チューチュー みつ をすう ちょう ちょさん
3. ちょうちょ さんが ふわふわ おなかにとまった （ピタ） パタパタ パタパタ くすぐったいちょうちょさん

こっくん こっくん

午睡前に歌いながら、いろいろな場所を優しく触りましょう。
歌っているうちに子どもたちもリラックスして、
"うとうと" 眠りにつけますよ。

ぐずった ときに　生活の 節目に　スキン シップに

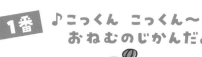

1番　♪こっくん こっくん〜
おねむのじかんだよ

♪おふとん

♪かけて

♪ナデナデ トントントン
〜いいゆめみてね

1 子守歌のように静かに優しく歌う。

2 片手をパーにして出す。

3 子どものおでこに片手を当てる。

4 子どもの頭を優しくナデナデする。

2番　♪こっくん〜
じかんだよ

♪おふとん

♪かけて

♪ナデナデ トントントン
〜いいゆめみてね

1 1番の①と同じ。

2 両手をパーにして出す。

3 子どもの体に両手をそっと当てる。

4 子どもの体を優しくナデナデしたり、
トントンしたりする。

3番　♪こっくん〜
じかんだよ

♪おふとん かけて

♪ナデナデ トントントン
〜いいゆめみてね

1 歌詞に子どもの名前を入れて
歌う。動きは1番の①と同じ。

2 2番の②③
と同じ。

3 両手を頭から下に移
動させながら、全身
を優しくナデナデ、
トントンする。

こっくん こっくん

作詞・作曲／おはぎ

1.こっ くん こっ くん　おめめ さん
2.こっ くん こっ くん　おなか さん
3.こっ くん こっ くん　○○ ○ ちゃん

おねむのじかんだ よ　おふ とん　かけて

ナ デ ナ デ ト ン ト ン ト ン　ナ デ ナ デ ト ン ト ン ト ン　いい ゆめ みて ね

んーばっ!

顔が離れたり、急にぱっと近づいたり……。
びっくりするけど笑っちゃう、楽しいふれあいあそび。
豊かな表情で子どもと接しましょう。

| 普段の あそびに | すきま 時間に | 親子の あそびに | ぐずった ときに | 生活の 節目に | スキン シップに |

♪んんんん

1 保育者が子どもをだっこするか、向かい合って座る。歌いながら、保育者はだんだんと子どもに、顔を近づける。

♪んー

2 保育者が顔を遠ざける。

♪ばっ

3 一気に顔を近づけて、「ばっ」とする。

♪んんんん んーばっ(×3)

4 ①〜③を3回繰り返す。

♪んんんん んんんん

5 ①と同じ。

♪んー

6 反り返るくらい、頭を後ろに反らす。

♪ばっ

7 ③と同じ。

ワンポイントアドバイス

首の据わっていない子は寝かせたままで、保育者が顔を近づけたり、離したりしてあそびましょう。

んーばっ!

作詞・作曲／すえっこ

ん ん ん ん んー ばっ ん ん ん ん んー ばっ
ん ん ん ん んー ばっ ん ん ん ん んー ばっ
ん ん ん ん ん ん ん ん んー ばっ

0〜1歳児

ハハハのハクション

子どもの反応を見ながら、顔のいろいろなところにふれて楽しみましょう。
顔に触られるのが好きではない子もいるので、
子どもの様子をよく見て行いましょう。

普段の
あそびに

すきま
時間に

親子の
あそびに

スキン
シップに

案●ジャイアンとぱぱ

♪ハハハの

1 子どものあごを親指と人さし指で2回つまむようになでる。

♪ハクション

2 歌に合わせて勢いよくなでる。

♪ヒヒヒの

3 両手の人さし指を子どもの口角付近に当てる。

♪イヒヒ

4 口角を上げるように上に引っ張る。

♪フフフの

5 子どもと目を合わせる。

♪（フー）（フー）

6 子どものおでこに息を吹きかける。

♪へへへのへ

7 人さし指で子どもの鼻を3回なでる。

♪ホホホの

8 人さし指で子どものあごに3回ふれる。

♪オホホホホ

9 顔の周りをちょんちょんふれながら一周する。

♪ハ ハ

10 ためるように①と同様にしてあそぶ。

♪（ハクション）

11 ②と同じ。

ちょこっとアレンジ

最後の「♪（ハクション）」を「♪（フー）」に替えて、息をかけるのも楽しいです。「♪（ハクション）」「♪（フー）」のどちらが来るのかというわくわく感を味わえます。

ハハハのハクション

作詞・作曲／ジャイアンとぱぱ

11

0〜1歳児

プープーふうせん

CDNo.05

案●南夢未

新しい環境に慣れていない時期の子どもには、
安心感を得られるように、ふれあいがとても大切です。
子どもの様子を見ながら優しくゆったりあそびましょう。

普段の
あそびに / すきま
時間に / 親子の
あそびに / スキン
シップに

1番

♪プープー ふうせん ふくらみます

1 保育者は、子どもをだっこして、
おなかに息を吹きかける。

♪プープー

2 保育者は、ほおを膨らませる。

♪きゅっ

3 保育者は、口を結んで見せる。

♪ひとやすみ

4 だっこした子どもを、優しく
左右にゆらゆら揺らす。

2番

♪プープー ふうせん できあがり

1 1番の①と同じ。

♪ふわふわ ポーン たかいたかい ポーン

2 ふわふわ揺らしながら、少し
ずつ上にたかいたかいをす
る。子どもの表情を見て、大
丈夫そうなら「♪ポーン」で
上に高く持ち上げても。

3番

♪プープー ふうせん

1 1番の①と同じ。

♪とびだした

2 保育者は、口を開け、驚いた顔をする。

♪シュルル シュルル

3 くるくる回る。

♪シュー とんでった「もう1回」

4 子どもを下に滑らせる
ように下ろす。

※4〜6番は、1〜3番
と同じ。

プープーふうせん

作詞／南夢未 作曲／さあか

うにゅっ ぱー

0歳児は、人の顔の動きをよく見ているので、
あやすときに行うといいですね。
「ぱー」や「ぱっ」のときは、笑顔で。

| 普段の
あそびに | すきま
時間に | 親子の
あそびに | ぐずった
ときに |

♪うにゅっ

1 ほおを "うにゅっ" と、両手で
押さえる。

♪ぱー

2 両手を上げる。

♪ウィッ ウィッ ウィッ

3 両手をほおに当て、左右交互にほおを上げる。

♪うにゅっ ぱー ウィッ ウィッ ウィッ（×2）

4 ①〜③を2回繰り返す。

♪う〜

5 ①と同じ。

♪（ぱっ）

6 ②と同じ。

♪うにゅっ ぱー
　ウィッ ウィッ ウィッ（×3）

7 ①〜③を3回繰り返す。

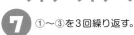

♪う〜 （ぱっ）

8 ①②と同じ。

♪ビロン ビロン ビローン

9 ほおに両手を当て、
顔を横に伸ばす。

♪う〜 （ぱっ）

10 ①②と同じ。

うにゅっ ぱー

作詞・作曲／入江浩子

う　にゅっぱーウィッウィッウィッう　にゅっぱーウィッウィッウィッう　にゅっ　ぱー　ウィッ ウィッ ウィッ　う〜　（ぱっ）　う　にゅっぱーウィッウィッウィッう

にゅっ　ぱー　ウィッ ウィッ ウィッ　う　にゅっ　ぱー　ウィッ ウィッ ウィッ　う〜　（ぱっ）　ビロン ビロン ビローン　う〜　（ぱっ）

きしゃぽっぽ

0～1歳児

CDNo.07

案●高嶋愛

きしゃぽっぽになった保育者の指が、子どもの顔や体に
優しくふれながら走る、スキンシップあそび歌。
子どもとゆったりとかかわりたいときにあそびましょう。

普段の あそびに／すきま 時間に／親子の あそびに／スキン シップに

1番

♪ぽっぽー～ きしゃぽっぽー

① 歌いながら、両手の人さし指で、子どものほおに優しく4回ふれる。

♪しゅっしゅっ ぽっぽっ（×2）

② リズミカルに人さし指で4回ふれながら、ほおから目尻へ移動する。

♪おめめだね

③ 目尻に優しく2回ふれる。

♪かわいい かわいい

④ 目の周りを、優しくなぞる。

♪おめめだね

⑤ ③と同じ。

2番

♪ぽっぽー～ きしゃぽっぽー

① 1番の①と同じ。

♪しゅっしゅっ ぽっぽっ（×2）

② リズミカルに人さし指で4回ふれながら、ほおから口元へ移動する。

♪おくちだね

③ 口元に優しく2回ふれる。

♪かわいい かわいい

④ 片手の人さし指で、口の周りをなぞる。

♪おくちだね

⑤ 2番の③と同じ。

きしゃぽっぽ

作詞・作曲／高嶋愛

1.～3.ぽっぽー ぽっ ぽー きしゃ ぽっ ぽー しゅっしゅっぽっぽっしゅっしゅっぽっぽっ

1. おめめだね　かわいいかわいい　おめめだね
2. おくちだね　かわいいかわいい　おくちだね
3. おみみだね　かわいいかわいい　おみみだね

4.ぽっぽー ぽっ ぽー きしゃ ぽっ ぽー

しゅっしゅっぽっぽっしゅっしゅっぽっぽっしゅっしゅっぽっぽっしゅっしゅっぽっぽっしゅっしゅっぽっぽっしゅっしゅっぽっぽっ おなかだね　きしゃぽっぽ ここで ひとやすみ ぽっぽー

♪ ぽっぽー～
きしゃぽっぽー

♪ しゅっしゅっ
ぽっぽっ（×2）

♪ おみみだね

♪ かわいい
かわいい

♪ おみみだね

① 1番の①と同じ。

② リズミカルに人さし指で4回ふれながら、ほおから耳へ移動する。

③ 耳に優しく2回ふれる。

④ 両耳をくすぐる。

⑤ 3番の③と同じ。

♪ ぽっぽー～
きしゃぽっぽー

♪ しゅっしゅっ
ぽっぽっ（×6）

♪ おなかだね

♪ きしゃぽっぽ
ここで

① 1番の①と同じ。

② 歌に合わせて人さし指で優しくふれながら、ほお→目尻→おでこ→鼻→口→首→胸→おなかの順に移動する。

③ 両手の手のひらでおなかを優しく2回たたく。

④ 両手で円を描くように、おなかをなでる。

♪ ひとやすみ

♪ ぽっぽー

⑤ 4番の③と同じ

⑥ おなかをくすぐる。

かかわりポイント

- 子どもが安心できるよう、静かな環境で、優しい声で歌いましょう。
- 子どもの目を見て、笑いかけながらあそびましょう。保育者への信頼が深まります。

- 愛着関係ができる前だと、保育者に顔（特に目の周りなど）を触られることに緊張したり、嫌がったりする子がいます。子どもの様子を見ながらあそんでください。

0〜2歳児

CD No.08

案●高嶋愛

ぬりぬりチョン

子どもたちは、クリームなどを付けてもらうまねが大好き！
ほお、おなかなど体のあちこちに、
保育者が元気になる薬を塗るまねをしてあそびましょう。

普段の あそびに / すきま 時間に / 親子の あそびに / スキン シップに

1番

♪クリーム クリーム

① クリームの容器に見立てて片手を軽く丸め、もう片方の手の人さし指を入れて回す。

♪ぬりますよ

② 人さし指でクリームを塗るまねをする。

♪いたいの どこかな

③ 人さし指で、子どもの体のいろいろな部位を指さす。

♪クリーム クリーム

④ ①と同じ。

♪ぬりぬり

⑤ ほおなど、子どもが喜ぶところに人さし指でクリームを塗るまねをする。

♪クリームクリーム ぬりぬり

⑥ ④⑤を繰り返す。

♪いたいの ないない

⑦ 「♪ないない」で、人さし指を左右に振る。

♪ぬりぬり チョン

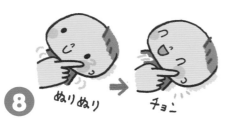

ぬりぬり → チョン

⑧ 人さし指で⑤と同じところにクリームを塗るまねをし、「♪チョン」で軽くつつく。

♪チョンチョ チョン チョン チョン

⑨ 歌に合わせて、人さし指で⑤と同じところをリズミカルにつつく。

2番

♪クリームクリーム ぬりますよ かゆいの どこかな

①〜③

1番の①〜③と同じ。

♪クリームクリーム〜 チョンチョ チョン チョン チョン

④〜⑨

1番の④〜⑨と同じ。

16

♪クリームクリーム
　ぬりますよ
　さいごは
　どこかな

①〜③

1番の①〜③と同じ。

♪クリーム
　クリーム

④

1番の①と同じ。

♪ぬりぬり

⑤

両手で胸から足にかけてなで、全身に塗るまねをする。

♪クリームクリーム
　ぬりぬり

⑥

3番の④⑤を繰り返す。

♪なんでも　かんでも

⑦

両手を握って、何もしないで待つ。

♪ぬりぬり　チョン

⑧

両手で全身に塗るまねをした後、「♪チョン」で
おなかを優しくたたく。

♪チョンチョ
　チョン　チョン　チョン

⑨

歌に合わせて、体のあちこちを両手
の人さし指でリズミカルにつつく。

かかわりポイント

●実際に痛いことがあったときに、子どもの気持
ちを受け止めるのにぴったりのあそび歌です。
「♪いたいの ないない」をして、元気になる
クリームをたくさん塗ってあげましょう。
●もちろん痛いところがなくても、ふれあいあそ
びとして、普段の保育で楽しめば、信頼関係が
深まります。

チョン♪

●1〜2歳児は、子どもが立った状態であそんで
もよいでしょう。子どもが「ここ」と指し示し
たところにクリームを塗ってあそび、最後は、
あちこちをリズミカルにつつきます。

ぬりぬりチョン

作詞・作曲／高嶋愛

1.〜3.クリーム クリーム ぬりますよ
1. いたい のー どこか な
2. かゆいのー どこか な
3. さいごはー どこか な

クリーム クリーム ぬーり ぬり　クリーム クリーム ぬーり ぬり

1. いたいのないない
2. かゆいのないない　ぬ りぬり チョン　チョンチョ チョン チョン チョン
3. なんでもかんでも

0〜2歳児

ちゅるっちゅる

指先でくすぐるように、体のあちこちにふれてあそびます。
なんだか楽しくなる呪文 "ちゅるっちゅる" を唱えながら、
笑顔でふれあいを楽しみましょう!

CD No.09

案●すかんぽ

| 普段の
あそびに | すきま
時間に | 親子の
あそびに | スキン
シップに |

0〜1歳児向け 子どもと向き合って座り、保育者が指先で子どもにふれてあそびます。

1番

♪ちゅるっちゅるっちゅ（×3）

1 両手の人さし指を立て、左右に弧を描くように振る（3往復）。

♪パンパンパン

2 3回手拍子。

♪ちゅるっちゅるっちゅ〜パンパンパン

3 ①②を繰り返す。

♪ちゅるっちゅるってさわっちゃおう

4 ①と同じ（2往復）。

♪いろんなところをさわっちゃおう

5 体のあちこちを両手の人さし指で触る。

♪（あたまちゅるっちゅる）

6 頭を両手の人さし指でくるくると触る。

♪（ほっぺちゅるっちゅる）

7 ほおを両手の人さし指でくるくると触る。

♪（まゆげちゅるっちゅる）

8 まゆげを両手の人さし指でくるくると触る。

♪（おみみちゅるっちゅる）

9 耳を両手の人さし指でくるくると触る。

♪（おくちちゅるっちゅる）

10 口の周りを両手の人さし指でくるくると触る。

♪（おでこちゅるっちゅる）

11 おでこを両手の人さし指でくるくると触る。

♪（つぎいってみようー！）

⑫ 拳を突き上げる。

♪ちゅるっちゅるっちゅ
ちゅるっちゅるっちゅ
〜いろんなところを
さわっちゃおう

① 〜 ⑤

1番の①〜⑤と同じ。

♪（おてて
ちゅるっちゅる）

⑥ 手の甲か手のひらを両手の
人さし指でくるくると触る。

♪（かた
ちゅるっちゅる）

⑦ 肩を両手の人さし指で
くるくると触る。

♪（わき
ちゅるっちゅる）

⑧ 脇を両手の人さし指で
くるくると触る。

♪（おなか
ちゅるっちゅる）

⑨ おなかを両手の人さし指で
くるくると触る。

♪（おへそ
ちゅるっちゅる）

⑩ おへそのあたりを両手の人
さし指でくるくると触る。

♪（おしり
ちゅるっちゅる）

⑪ おしりを両手の人さし指で
くるくると触る。

♪（はい！ おしまーい！）〜

⑫ 手を1回たたき、「♪おしまーい！」で両手を広げた後、
1番の①〜③の動作を繰り返して終わり。

2 歳児向け 子ども同士であそびます。

向かい合って座り、それぞれ体を動かし、⑤〜⑪は、
お互いにふれあってあそびます。

ちゅるっちゅる

作詞／川崎ちさと　作曲／入江浩子

0〜1歳児

CDNo.10

案●ジャイアンとぱぱ

かぜさん ふー

両手で持ったハンカチやシフォン布を風に見立てて、あそびます。
0歳児は、ゆったり優しく、1歳児なら、どこにやってくるか聞くなど、
やり取りしても楽しめます。

| 普段の あそびに | すきま 時間に | 親子の あそびに |

1番

♪かぜさん ふー〜やってきた

①

保育者は、ハンカチを両手で持って、子どもの前で左右に揺らす。

♪ふー ふー ふぅー

②

ハンカチを顔に近づけてから遠ざけ、最後の「♪ふぅー」で、なでるように通り過ぎる。

2番

♪かぜさん びゅー〜やってきた

①

ハンカチを1番の①より大きく左右に揺らす。

♪びゅー びゅー びゅー

②

ハンカチをおなかに近づけてから遠ざけ、最後の「♪びゅー」で、大きくひらひらさせながら近づける。

かぜさん ふー

作詞・作曲／ジャイアンとぱぱ

1.かぜさん ふー　そよそよ ふー　そよそよ おかおに
2.かぜさん びゅー　ざわざわ びゅー　ざわざわ おなかに

やってきた　ふー　ふー　ふぅー
やってきた　びゅー　びゅー　びゅー

ワンポイントアドバイス

フーッ

保育参観など、親子であそぶときは、保護者が「フーッ」と息を吹きかけてあそんでもいいでしょう。

おさんぽむしさん

0〜1歳児

CDNo.11

案●ジャイアンとぱぱ

指を動かして、子どもの体を優しく触る、ふれあいあそび歌。
1本指をミミズ、2本指をアリの触角、グーの手を
ダンゴムシに見立てて、あそびましょう。

普段の あそびに ／ すきま 時間に ／ 親子の あそびに ／ 生活の 節目に

1番 ♪おさんぽ おさんぽ みみずさん〜 どこにいこう

① 片手の人さし指を立てて、左右に動かしながら歌う。

♪あら みなさん こんにちは

② 歌いながら、人さし指を下に向けて、子どもに挨拶する。

♪あそぼう 〜あそぼう

③ 歌いながら、子どもの腕や体などを、あちこちを優しくつつく。

2番 ♪おさんぽ おさんぽ ありさん〜 どこにいこう

① チョキにした片手を、左右に動かしながら歌う。

♪あら みなさん こんにちは

② 歌いながら、2本の指を下に向けて、子どもに挨拶する。

♪あそぼう 〜あそぼう

③ 歌いながら、子どもの腕や体などを2本指で優しくつつく。

ワンポイントアドバイス

昼食やおやつの前後の場面で、テーブルに座って待つ時間が長いと退屈してしまう子どもたち。そんなちょっとした時間や複数の子どもとコミュニケーションを取る場面で、テーブルの上で手を動かしてあそびましょう。子どもたちは、「自分のところに来てほしい」という気持ちで、わくわくドキドキ。楽しい気持ちでいっぱいになります。
保育者のまねをして手を動かし、いろいろなむしさんになって楽しむこともできます。

3番 ♪おさんぽ おさんぽ だんごむしさん〜 どこにいこう

① グーにした片手を、左右に動かしながら歌う。

♪あら みなさん こんにちは

② 歌いながら、グーの手を下に向けて、子どもに挨拶する。

♪あそぼう 〜あそぼう

③ 歌いながら、グーの手で子どもの腕や体などを優しく触る。

おさんぽむしさん

作詞・作曲／ジャイアンとぱぱ

0〜2歳児

ちょうちょのおさんぽ

CDNo.12・13

案●小宇宙会

両手で作ったチョウチョウが、体のあちこちで羽を休めます。
手の形を変え、アオムシのお散歩、アリさんのお散歩など、
替え歌にしてあそびを発展させると楽しいですね。

普段の
あそびに｜すきま
時間に｜親子の
あそびに｜スキン
シップに

★CDNo.12は0歳児向け、No.13は1〜2歳児向けです。

0歳児向け 子どもを足の上に乗せ、1対1であそびます。

1番

♪ちょうちょ ちょうちょ
ちょうちょのおさんぽ

1 両手を開いて親指を合わせ、
子どもの前でひらひらさせる。

♪あたまのうえで
ひとやすみ

2 ①の手を子どもの頭に乗せる。

♪ちょうちょ ちょうちょ
ちょうちょのおさんぽ

3 ①と同じ。

2番 ※①と③は、1番と同じ。

♪つるりとすべって とんでった

4 子どもの頭の上から足まで、①の手でなでるように
滑らせ、「♪とんでった」で舞い上げ、左右に振る。

♪おなかのうえで
ひとやすみ

2 手をおなかに当てる。

♪おなかのうえで
おどります

4 手を踊るように動かしながらおなかを
くすぐる（後ろに倒れないように注意）。

3番

※①と③は、1番と同じ。

♪こんどはどこに
いきましょう

2 1番の①と同じ。

♪つぎにとまるの （おしり！）

4 じらすようにあちこち動かしてから、おしりに止まっ
てくすぐる。

> おしり以外に、
> いろいろな
> 部位に言い替えて
> あそびます。

1〜2 歳児向け リズムに乗って、体を左右に揺らしながらあそびましょう。

1番

♪ちょうちょ ちょうちょ
ちょうちょのおさんぽ

1
両手を開いて親指を合わせ、
左右に揺らす。

♪あたまにのったら
リボンです

2
①の手を頭に当てる。

♪ちょうちょ ちょうちょ
ちょうちょのおさんぽ

3
①と同じ。

♪くびにのったら
ちょうネクタイ

4
手を首元に当てる。

2番 ※①と③は、1番と同じ。

♪くちにのったら
おひげです

2
手を口の上に当てる。

♪おめめにのったら
つけまつげ

4
手を目の上に当てる。

3番 ※①と③は、1番と同じ。

♪おしりにのったら
しっぽです

2
手を後ろに回しておしりに当てる。

♪はねをとじたら
（おやすみなさーい！）

4
手を合わせてほおに当て、
目を閉じて眠るポーズ。

ちょうちょのおさんぽ

作詞・作曲／根岸みゆき

CDNo.12 **0歳児向け**

CDNo.13 **1〜2歳児向け**

23

0〜1歳児

CDNo.14

案●ジャイアンとぱぱ

ガブチョ

保育者の手を「ガブチョ」に変身させて、
子どもの体のあちこちを食べるまねをしてふれあいます。
向かい合ったり、膝の上に乗せたりしてあそびましょう。

| 普段の
あそびに | すきま
時間に | 親子の
あそびに | スキン
シップに |

1番

♪ガブチョ ガブチョ ガブチョ
なんでもたべちゃう
ガブチョ ガブチョ ガブチョ
いいものみつけた

①

片手をガブチョの口に見立て、
歌に合わせて左右に揺らしな
がらパクパクする。

♪おいしそうな ほっぺ

②

ガブチョの手を、少しずつ子どもに近づける。

♪ガブチョ ガブチョ ガブガブチョ

③

ほおを食べるまねをしながら、ふれあう。

ガブチョ

作詞・作曲／ジャイアンとぱぱ

2番

♪ガブチョ　ガブチョ　ガブチョ
　なんでもたべちゃう
　ガブチョ　ガブチョ　ガブチョ
　いいものみつけた

1 1番の①と同じ。

♪おいしそうな　おなか

2 1番の②と同じ。

♪ガブチョ　ガブチョ
　ガブガブチョ

3 おなかを食べるまねをしながら、ふれあう。

3番

♪ガブチョ　ガブチョ　ガブチョ
　なんでもたべちゃう
　ガブチョ　ガブチョ　ガブチョ
　いいものみつけた

1 1番の①と同じ。

♪おいしそうな　おしり

2 1番の②と同じ。

♪ガブチョ　ガブチョ
　ガブガブチョ

3 おしりを食べるまねをしながら、ふれあう。

ワンポイントアドバイス

靴下を手にはめただけの簡単なパペットであそぶのも楽しいですね。

「♪おいしそうな〜」のところは、少しもったいぶるような感じでゆっくりすると、「次はどこに来るのかな?」と子どもが期待をもって楽しめます。

「♪ほっぺ」「♪おなか」「♪おしり」の部分を食べ物にして歌い、ままごとの食べ物などを食べさせてあそべば、ちょっとしたシアターあそびにもなります。

くっつきむーし

「くっつきむーし」はどんな虫？
保育者や友達にピタッとくっついてスキンシップ。
繰り返しあそんで楽しみましょう。

普段の
あそびに / 親子の
あそびに / 集まりの
ときに / スキン
シップに

0
歳児向け

1対1で保育者が
膝に抱いた子ども
の体を動かします。

♪くっつきむしが　とぶよ
うーんぱっ　うーんぱっ
（×2）

①

「♪くっつきむしがとぶよ」で子ども
の手を持って上下に動かし、「♪うー
ん」でギュッと抱き締め、「♪ぱっ」
で離す。これを2回繰り返す。

♪からだの
**　ちからを**
**　ためて**

②

体を軽く左右に
揺らす。

♪くっついた

③

肩を3回たたく。

♪（ポン!）

ほっぺ!

④

ふれる部位を言ってから、
「♪(ポン!)」でそこにふれる。

1〜2
歳児向け

立ってあそんでも、
床に座ってあそん
でもOK！

♪くっつきむしが　とぶよ
うーんぱっ　うーんぱっ
（×2）

①

手を頭の上でとんがるようにくっ
つける動作を繰り返し、「♪うー
んぱっ」で肩の前でグー、手を上
げてパーを繰り返す。これを2回
繰り返す。

「次は手と手だよ」
「今度は足の裏が
くっつくよ」など、
前奏や間奏のとき
に声かけをし、
④で友達とくっつ
き合います。

♪からだのちからを
**　ためて**

②

両手を頭に当て、体を
少しずつ縮めていく。

♪くっついた

③

床につくくらい
小さくしゃがむ。

♪（ポン!）

④

起き上がって、近くの
友達とくっつく。

くっつきむーし

作詞・作曲／浦中こういち

あらいぐま・ぐま

軽快な歌に合わせて、みんなで let's あらいぐまダンス！
0歳児には、体を優しくタッチしてふれあい、
1〜2歳児は、リズムに乗って踊りましょう。

| 普段の
あそびに | すきま
時間に | 親子の
あそびに | 集まりの
ときに | 行事の
ときに | スキン
シップに |

★楽譜はP.29にあります。

0歳児向け 1対1で、子どもの体中を洗うイメージで
優しくタッチしてあそびましょう。

1番

♪あらいぐまぐま〜
ゴシゴシぐまぐま

1 ほお、胸、おなか、手足など、体中
を優しくなでる。

♪なにをあらおうかな
なにをあらおうかな

2 腰の辺りを支え、ゆらゆら揺らす。

♪あたま〜おいもかな

3 頭、おなか、鼻の順に指先でタッチする。

♪ピーカピカ〜
ピカピカにしちゃう

4 ①と同じ。

♪よー

5 「いない いない ばぁ」をして見せる。

♪（間奏）

6 手拍子して見せる。

2番

♪なにを〜どんぐりさん

1 1番の②③と同じ。

♪ピーカピカ〜しちゃうよー

2 1番の④⑤と同じ。

1〜2歳児向け シンプルな動きのダンスです。リズムに乗って楽しく踊りましょう。
1歳児は、できるところだけまねっこでOK!

1番

♪（前奏）あらい

1 手を腰に当てながら軽く膝を曲げてリズムを取る。

 ♪ぐまぐま ぐーま ぐまぐま

2 「♪ぐまぐま」で片手を腰に当てたまま、もう片方の手を振り、手を替えて同じ動作をする。

 ♪しーましましっぽが

3 両手でほおをこするようにしながら、「♪しーましま」で右足を右に出し、「♪しっぽが」で左足を右足に寄せる。

手だけでもOK!

♪プリティー あらい

4 ③と反対側に同様に動く。

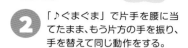 ♪ぐまぐま ぐーま ぐまぐま

5 ②と同じ。

♪ジャーブジャブ ゴシゴシぐまぐま

6 ③④と同じ。

♪なにをあらおうかな なにをあらおうかな

7 手を双眼鏡のように目に当て、ゆっくり体を左右に揺らす。

 ♪あたま おなか それとも

8 頭に2回、おなかに2回タッチしてから、腕を下から大きく回して上へ。

♪おいもかな

9 頭の上で両手の指先を付ける。

♪ピーカピカ　ピーカピカ

 ②と同じ。

♪どうぶつかいいち　あらうのじょうず

⓫ ③④と同じ。

♪ピーカピカ　ピーカピカ

⓬ ②と同じ。

♪きみのハートも　ピカピカにしちゃう

⓭ ③④と同じ。

♪よー

⓮ その場で1周する。

♪（間奏）

⓯

最初の2小節は両手を
上で、次の2小節でお
しりを左右に振る（2
回繰り返す）。

2番

2番は、⑦から始まり、
⓮まで1番と同じ。

♪（後奏）

⓯ 最後は自由に決めのポーズ。

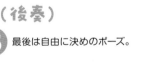

あらいぐま・ぐま

作詞・作曲／はらくん

※楽譜は読みやすくするために音源とは調を変えています。

トンネルとんとん

0〜2歳児

CD No.17

案●浦中こういち

自由な表現を楽しむあそび。
0歳児は、替え歌にしていろいろな生き物であそんでも。
1〜2歳児は、動物たちを自由に表現してみましょう。

普段の
あそびに

すきま
時間に

親子の
あそびに

行事の
ときに

スキン
シップに

---

0 歳児向け 子どもを寝かせて1対1であそびます。
保育者の膝に座らせてもOK。

♪トンネルトンネル トンネルとんとん（×2）

1 「♪トンネル」で子どもの両手を左右に揺らし、「♪とんとん」で手を合わせる。これを2回繰り返す。

♪のぞいてみたら なにがでた

2 手を双眼鏡のようにして子どもをのぞき見る。

1番 ♪ウサギがでた〜

3 子どもを抱き上げ、2〜3回弾ませる。

2番 ♪フラミンゴがでた〜
脇を抱えて左右に揺らす。

3番 ♪ライオンがでた〜
「がぉー」と言いながら子どもをくすぐる。

1〜2歳児向け 動物たちを、自由に表現して楽しみましょう。

♪トンネルトンネル トンネルとんとん（×2）

1 頭の上で丸を作って左右に揺らし、「とんとん」でこぶしを打ち合わせる。これを2回繰り返す。

♪のぞいてみたら なにがでた

2 手を双眼鏡のようにしてのぞくしぐさをする。

1番 ♪ウサギがでた〜（ピョーン！）
2番 ♪フラミンゴがでた〜（バサバサー）
3番 ♪ライオンがでた〜（がぉー！）

3 歌詞の生き物になりきって自由に動く。

トンネルとんとん

作詞・作曲／浦中こういち

1〜3.トン ネル トン ネル トン ネル とん とん トン ネル トン ネル トン ネル とん とん のぞい て み たら

な に が でた

1.ウサ ギ が で た
2.フラ ミンゴ が が でで た
3.ライ オン が が で た

（ピョン！）ピョンピョン！ ピョン！ ピョン！ たかくとぶよピョーン！）
（バサッ！）バサバサバサ！ かたあしでたつよー バサバサバサー）
（がぉー！）がぉがぉがぉー！ ライオンだ がぉー！）

0〜1歳児

CD No.18

案●ジャイアンとばば

じろりんこ

絵本を読む前なら、その絵本のタイトルや主人公の名前、
散歩中だったら、見つけた花や虫の名前に替えてあそんでみましょう。

普段の
あそびに / すきま
時間に / 生活の
節目に

♪みて みて

1

丸めた手を片方ずつ、
双眼鏡のように目に
当てる。

♪みてみて

2

双眼鏡のようにし
たまま、左右に首
を傾ける。

♪よく よく
みてみて

3

①②と同じ。

♪じろ じろ
みてみたら

4

双眼鏡にしたまま、い
ろいろなところを見る。

♪○○ちゃん
みつけたよ

5

一つの物に焦点を合わせて見る。
※「♪○○ちゃん」の歌詞をいろいろな
　物に替えてあそびましょう。

♪じろじろ
じろりんこ

6

手を目に当てたまま、くるくる
（手首を曲げるように）動かし
ながら "じーっ" と、見る。

じろりんこ

作詞・作曲／キャンディ

みて　みて　みてみてー　よく　よく　みてみてー　じろ　じろ

みてみたら　　○○ ちゃん　みつけたよ　じろ じろ じろりんこ

31

ゴリランラン

CDNo.19

案●
浦中こういち・りょうた

0歳児は、手足の曲げ伸ばしでふれあいます。
1〜2歳児は、振りどおりにできなくても、速いテンポを楽しみましょう。
2番も1番と同じ動作を繰り返して楽しみます。

普段の
あそびに

親子の
あそびに

行事の
ときに

スキン
シップに

0歳児向け

手足の曲げ伸ばしを楽しみながら、笑顔でふれあうあそびです。
寝かせた状態でスタート。前奏で全身を触ってウォーミングアップします。
反応を見ながら速度を変えましょう。

♪だいすき〜グルグル
グルグル ゴリラ

1 手首を持ち、左右交互に上げ下げする。

♪だいすき〜ウキウキ
ウキウキ ゴリラ

2 左右に一緒に動かす。

♪ウッホホ〜
ウッホホ

3 足首を持ち、左右交互に膝を曲げる。

♪きょうもげんきに
ゴリランラン

4 両足一緒に膝の曲げ伸ばし。

♪ウッホホ ゴリラ
ゴリラララン

5 足から胸までポンポンポンと両手でたたき、
顔を近づけ「ばぁ！」。

♪ウキウキきぶんで
〜ゴリラララン

6 ⑤を2回繰り返す。

♪きょうもごきげん
おどりだす

7 ゆっくり高く抱き上げる。
※2番も同様にしてあそぶ。

ゴリランラン

作詞／浦中こういち　作曲／犬飼涼太

だいすき　ジャングル　グルグルグルグル　ゴリラ　だいすき　バナナ／おふろ　ウキウキウキウキ／ポカポカポカポカ　ゴリラ

ウッホホ　ウッホホ　ウッ　ホホ　きょうも　げんきに　ゴリランラン　ウッホホゴリラ

ゴリラララン　ウキウキきぶんで　うたいだす　ウッホホゴリラ　ゴリラララン　きょうもごきげん　おどりだす

「ウッホホ」「ゴリランラン」などリズミカルな言葉を楽しみます。
ゴリラの動作をイメージして踊りましょう。

♪（前奏）

1
腰に手を当て、膝の曲げ伸ばしで
リズムを取る。

♪だいすき ジャングル

2
手をグーにし、左右2回ずつ、
腕を大きく振る。

♪グルグルグルグル

3
かいぐりしながら上下に動かす。

♪ゴリラ

4
腰に手を当て、
軽くジャンプする。

♪だいすき バナナ
ウキウキウキウキ ゴリラ

5
②〜④と同じ。

♪ウッホホ ウッホホ

6
腰に手を当て、左右1回ずつ踏み出す。

♪ウッホホ

7
腰に手を当てたまま、上半身を
左右に1回ずつひねる。

♪きょうもげんきに
ゴリランラン

8
⑥を繰り返してから、「♪
ゴリランラン」で曲げた
腕を力強く上げ下げ。

♪ウッホホ ゴリラ

9
軽くジャンプしながら、
腕を深く2回上げ下げ。

♪ゴリラララン

10
腕を上に寄せるようにしな
がら2回ジャンプ。

♪ウキウキきぶんで
うたいだす

11
⑨⑩と同じ。

♪ウッホホゴリラ〜
きょうもごきげん

12
腕を交互に上下させながら
1周回る。

♪おどりだす

13
両腕を3回ぐるぐる回し、
最後に腕を突き上げる。

♪（間奏・後奏）

14
①の前奏と同じくリズムを取る。
※2番も同様に踊る。

うめぼし

遠足のおにぎりの具に欠かせない、酸っぱ〜い！うめぼし。
お手玉やボールをうめぼしに見立てて、
保育者と子どもがやりもらいあそびを楽しみます。

普段の
あそびに

すきま
時間に

親子の
あそびに

案●伊藤利雄

♪きしゅうの うめぼし
　おみやげ

1 保育者がお手玉を両手で包み、子どもの前で左右に動かす。

♪どうぞ ありがとう

2 子どもに差し出し、子どもが両手を出したら、お手玉を載せる。

♪おすそわけください
　ありがとう

3 「♪おすそわけください」で、保育者が子どもに両手を差し出し、「♪ありがとう」で子どもからお手玉をもらう。

♪「むしゃむしゃ
　むしゃ」

4 お手玉を食べるまねをして隠す。

♪「すっぱー！」

5 顔の横で両手を広げ、酸っぱそうな顔をする。

かかわりポイント

- やりもらいあそびをすることで、人とかかわることの楽しさを味わえます。
- 保育者とのやり取りを通し、「共感」を育てたり、目と手の協応を養ったりできるあそび歌です。
- 繰り返しあそぶことで、保育者との「受け止める」「受け止められる」心地よい経験（感覚）を、いっぱいさせてあげたいですね。

うめぼし

作詞・作曲／伊藤利雄

きしゅう のうめぼし おみや げどうぞ　ありがとう　おすそわ けください　　ありがとう　「むしゃむしゃむしゃ すっぱー！」

おはよ パッ！

体をウーンと伸ばして、「おはよう！」。
いろいろな物になりきって、元気に体操しましょう。

普段の
あそびに

すきま
時間に

集まりの
ときに

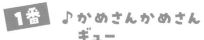

1番 ♪かめさんかめさん ギュー

1 しゃがんで、グーにした両手で顔を隠し、小さくなる。

♪パッ

2 両手をぱっと広げる。

♪おはよ

3 顔の横で両手をグーにして、手首を曲げるようにしてお辞儀をする。

♪ウーン ウーン

4 片手ずつ手を伸ばし、背伸びをする。

♪ウーン

5 まだ眠そうなしぐさをしながら、おしりを振る。

♪パッ

6 手足をぱっと広げ、ジャンプする。

♪おはよ

7 お辞儀をする。

2番 ♪チューリップ チューリップ 〜おはよ

1 〜 **7**

1番の①〜⑦と同じ（お花の気分で）。

3番 ♪○○ちゃん ○○ちゃん ギュー

1 子どもの名前を入れて歌う。動きは、1番の①と同じ。

※「♪○○ちゃん」の名前を、ヘビやカエル、ツクシなど、いろいろなものに替えてあそんでみましょう。

♪パッ おはよ 〜おはよ

2 〜 **7**

1番の②〜⑦と同じ。

おはよ パッ！

作詞／南夢未　作曲／さあか

1.か め さん か め さん ギュー パッ お は よ ウーン ウーン ウー ン パッ おはよ
2.チュー リップ チュー リップ グーン ポッ ポッ
3.○ ○ ちゃん ○ ○ ちゃん ギュー パッ パッ

トントンフリフリくるりんぱ

0〜2歳児

CD No.22

案●すかんぽ

歌詞のとおりにシンプルな動きを楽しめます。
0歳児は、膝の上に乗せてふれあい、
1〜2歳児は、リズミカルに踊ってみましょう。

普段の あそびに　親子の あそびに　スキン シップに

0 歳児向け　子どもを膝に乗せ、1対1であそびます。

♪トントン

1 子どもの手首を持ち、グーをトントン合わせる。

♪フリフリ

2 手首を持ち、左右に揺らす。

♪くるりん ぱ

3 手首を持ってかいぐりし、「♪ぱ」で左右に開く。

♪おててで やってみよう

4 リズムに合わせて体を左右に揺らす。

♪トントン フリフリ くるりん ぱ（×4）

5 ①〜③を4回繰り返す。

♪そして

6 子どもの体をぶるぶると揺する。

2番 ※⑤以外は、1番と同じ。

♪パッパカパー パパパパ〜（ジャン！）

7 「♪パッパカパー〜」で膝を上下させ、最後の「♪（ジャン！）」で子どもを抱き上げて下ろす。

♪トントン フリフリ くるりん ぱ（×4）

5 「♪トントン」で膝を上下させ→「♪フリフリ」で左右に揺らし→「♪くるりんぱ」で膝の上に寝かせる（4回繰り返す）。

1〜2 歳児向け 全部の動きを覚える前に、①〜④の動きだけ繰り返してあそんでみるのもいいですね。

♪トントン

1 グーとグーでトントンたたく。

♪フリフリ

2 グーの手を左右に振る。

♪くるりん

3 かいぐりをする。

♪ぱ

4 両手を上に開く。

♪おててで やってみよう

5 両手の手のひらを出す。

♪トントン フリフリ くるりん ぱ（×4）

6 ①〜④を4回繰り返す。

♪そして

7 人さし指を揺らす。

♪パッパカパー パパパパ〜（ジャン！）

8 周りの子たちと両手でタッチし合う。

2番

※⑤⑥以外は、1番と同じ。

♪ぜんぶで やってみよう

5 両手を上げ、大きく左右に振る。

♪トントン フリフリ くるりん ぱ（×4）

6 「♪トントン」でジャンプする→「♪フリフリ」でおしりを振り→「♪くるりん」で回って（1回転しきれなくてもOK）→「♪ぱ」で両手足を広げる（4回繰り返す）。

トントンフリフリくるりんぱ

作詞・作曲／すかんぽ

マイマイ行進曲

「マイマイ」は「カタツムリ」の呼び名の一つ。
渦を巻いた殻や、ぴんと伸びる角（目）をイメージしながら、
のんびり、ゆっくり楽しめるあそび歌です。

普段の
あそびに

すきま
時間に

親子の
あそびに

行事の
ときに

生活の
節目に

0歳児には、保育者が手あそびをやってみせましょう。
1、2番とも動作は同じです。

♪マイマイマイマイ
　マイマイマイマイ　マーイ

♪マイママーイ!!

1 子どもの目の前でかいぐりをしながら、上から下におろす。

2 両手を上にあげ、カタツムリのポーズをしてみせる。

♪あめがだいすき
　マイマーイ（×2）

♪からにはいったり

♪あたまをだしたり

3 チョキの手にグーを乗せ（カタツムリ）、上下に揺らす。

4 チョキの手を引っ込める。

5 チョキの手を前に出す。

♪からにはいったり

♪あたまをだしたり

♪マイママーイ!!

6 ④と同じ。

7 ⑤と同じ。

8 チョキの手を引っ込め、両手を上下に揺する。

1〜2歳児は、イメージを膨らませながら動いてみましょう。
1、2番とも動作は同じです。

♪マイマイマイマイ
　マイマイマイマイ　マーイ

1 かいぐりをする。

♪マイママーイ!!

2 両手の人さし指を上に。

♪あめがだいすき
　マイマーイ（×2）

3 はいはいをして動き回る。

♪からにはいったり

4 ぎゅっと体を丸める。

♪あたまをだしたり

5 体を伸ばす。

♪からにはいったり

6 ④と同じ。

♪あたまをだしたり

7 ⑤と同じ。

♪マイママーイ!!

8 おしりを左右に振る。

マイマイ行進曲

作詞／川崎ちさと　作曲／入江浩子

くさのなかから

1〜2歳児

草の中から恥ずかしがり屋さんが出てきます。
いろいろな動物にアレンジしても楽しめますよ。

CDNo.24

案●入江浩子

普段の
あそびに

すきま
時間に

1番

♪くさのなかから　（チラ）

① 両手で顔を隠して、リズムを取る。「♪（チラ）」の「♪（ラ）」で顔を出す。

♪かおをだすのは　（チラ）

② ①と同様にし、反対側から顔を出す。

♪だれだれ　だれだれ

③ 「♪だ」で顔を隠し、「♪れ」で顔を出す。左右交互に出す。これを2回繰り返す。

♪んー　ヘビ

④ 顔を隠す。

♪（イヤン）〜
ペロペロン

⑤ 手を開き、舌を出してから手を合わせ、
ヘビのようにくねくね動かす。

2番 ※①〜④は、1番と同じ。

♪（イヤン）〜
ピヨピヨン

⑤ ヒヨコのまねをしてから、手をパタパタさせる。

3番 ※①〜④は、1番と同じ。

♪（イヤン）〜
ウッホッホ

⑤ ゴリラの顔まねをしてから、胸をたたく。

くさのなかから

作詞・作曲／入江浩子

子ネコのおにごっこ

「私の子ネコが逃げ出した！ だれか捕まえて」。
子どもの目の前で、保育者が歌いながら
ハンカチで作った子ネコを動かしてあそびましょう。

普段の
あそびに

すきま
時間に

親子の
あそびに

♪はいはい にゃんにゃん
　はい にゃんにゃん
　こねこの こねこの おにごっこ

1 保育者は、ハンカチで作った子ネコを手で
持って、子どもの前で左右に動かす。

2 歌い終わったら手を離して、
ハンカチの子ネコを置く。

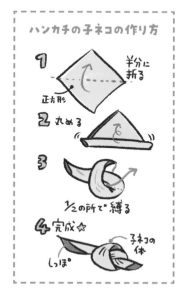

ハンカチの子ネコの作り方

1 半分に折る　正方形
2 丸める
3 ½の所で縛る
4 完成☆　しっぽ　子ネコの体

ニャー

3 子どもが子ネコに触ったら、
保育者は「ニャー」と鳴く。

ちょうだい

4 子どもが子ネコを持ったら、保育者は「すごい
ね」と褒めて、「ちょうだい」と手を出す。

ありがとう

5 子どもが子ネコをくれたら、「ありがとう」
と言って、やりもらいあそびを楽しむ。

子ネコのおにごっこ

作詞・作曲／伊藤利雄

はいはいにゃんにゃん は いにゃん にゃん こねこのこねこの おにごっこ

かかわりポイント

- 物との距離感がわかりだし、手指の動きが少しずつ巧みになってくる0〜1歳児にぴったりのあそび歌です。
- 子ネコを捕まえたときの子どもの誇らしげな顔。保育者は、子どもの誇らしい、うれしい気持ちをしっかり受け止めて、褒めましょう。
- 繰り返し楽しくあそぶ中で、手と目の協応動作、手指の巧緻性、空間認知能力を育てることにつながります。

わきばら

0〜2
歳児

CD No.26

案●カワクボメガネ

子どもたちは、スキンシップあそびが大好き。
クスッと笑っちゃいたくなる部位の「脇腹」や、
体のいろいろな部分に触って楽しみます。

普段の
あそびに

すきま
時間に

親子の
あそびに

スキン
シップに

♪かたかた

1 子どもと向かい合って座り、両手で
子どもの肩を2回タッチする。

♪ひじひじ

2 両手で子どもの肘を2回タッチする。

♪てくび

3 両手で子どもの手首を持ち、円を
描くようにして、上にあげる。

♪わきばら

4 子どもが両手を上げている隙に、保育者は、
両手で脇腹をガシッとつかむ。

♪もももも

5 両手で子どものももを2回タッチする。

♪へそへそ

6 片手の人さし指で、おへそを2回タッチする。

♪てくび わきばら

7 ③④と同じ。

♪でこでこ

8 片手の人さし指で、おでこを軽く2回タッチする。

♪はなはな

9 片手の人さし指で、鼻の頭を軽く2回タッチする。

♪みみみみ

10 両手の人さし指で、両耳を軽く2回タッチする。

♪あごあご

11 片手の人さし指で、あごを軽く2回タッチする。

♪てくび わきばら
てくび わきばら

12 ③④を2回繰り返す。

ワンポイントアドバイス

● 保育者が足を伸ばして座り、子どもが保育者の足の上に、向かい合うようにまたがってあそんでもいいでしょう。

● 保育者が子どもとの距離感を考えながら、楽しくなっちゃうくらいの加減をするのがポイントです。

● 歌詞には出てこない体の部位を取り入れたり、脇腹に行くまでを、もったいぶって長くしてみたりと、アレンジすることで、さらに楽しめます。

わきばら

作詞・作曲／カワクボメガネ

かた かた　ひじ ひじ てくび わきばら　もも もも　へそ へそ てくび わきばら
でこ でこ　はな はな　みみ みみ　あご あご てくび わきばら　てくび ー わきばら

ラッコさんこんにちは

0〜2歳児

CDNo.27

案●はらくん

かわいいラッコになり切ってあそびます。
0〜1歳児は、優しくふれあい、
2歳児は、元気に手を動かして楽しみましょう。

普段の
あそびに / 親子の
あそびに / 集まりの
ときに / スキン
シップに

0〜1歳児向け 子どもを足の上に乗せ、1対1であそびます。

1番

♪ころころラッコさん
　ころころラッコさん

♪かいをみつけた
　かいをみつけた

♪ころころラッコさん
　ころころラッコさん

♪コンコンコン
　〜こんにち

1 子どもの腕を持ち、ペダルをこぐように前後にぐるぐる回す。

2 腕を持ったまま左右に揺れる。

3 ①と同じ。

4 膝を上下させる(6回)。

♪は！

♪こんにちは(×4)

♪こんにちは(×4)

2番 ※①〜⑤までは、1番と同じ。

♪（わー）　♪（おやすみ）

5 足を開いて子どもを下ろす。

6 子どもの体のあちこちをつんつんつつく。

7 子どもをくすぐる。2番が始まる前には再び膝に乗せる。

6 くすぐる。

7 ぎゅっと抱きしめる。

ラッコさん こんにちは

作詞・作曲／はらくん

1.ころころ ラッコさん　ころころ ラッコさん　かいをみ つけた　かいをみ つけた
2.ころころ ラッコさん　ころころ ラッコさん　カニをみ つけた　カニをみ つけた
ころころ

ラッコさん　ころころ ラッコさん　コン コン コン　コン コン コン　こんにち は！　こんにち は　こんにち は

こんにち は　こんにち は　こんにち は　こんにち は　こんにち は　こんにち は
D.C.　2.こんばんは！（わ ー）　（おやすみ）

2歳児向け

手を回したり、挨拶をしたりして、元気にあそんでみましょう。

1番

♪ころころラッコさん
　ころころラッコさん

① 右でかいぐりをし、2回目の「♪ころころ」から左に変える（正面だけでかいぐりしてもOK）。

♪かいをみつけた
　かいをみつけた

② 手首を合わせるようにして開閉させる。

♪ころころラッコさん
　ころころラッコさん

③ ①と同じ。

♪コンコンコン
　コンコンコン　こんにち

④ 握った両手で「♪コンコン〜」に合わせて胸を6回たたき、「♪こんにち」で2回たたく。

♪は！

⑤ 両手を開いて高く上げる。

♪こんにちは（×4）

⑥ 握った両手で胸を2回たたき、「♪は」で両手を開く（4回）。

♪こんにちは（×4）

⑦ 胸を2回たたき、「♪は」で手を高く上げる（4回）。

1番の⑥⑦の「♪こんにちは」は、胸をたたいた後、好きなポーズをとるようにしてもいいでしょう。

2番

※①、③〜⑤は、1番と同じ。

2番は速くしてもOK! 腕を回す回数を増やしましょう。

♪カニをみつけた
　カニをみつけた

② チョキの両手を左右に斜めに上げ下げする。

♪（わー）

⑥ 声を出し、自由に体を動かす。

♪（おやすみ）

⑦ 寝るポーズ。

そんなにかわいいかおしたら

抱きしめたり、しなかったりを繰り返して楽しむふれあいあそび。
歌詞と動きが理解できる年齢になれば、子ども同士でも楽しめます。

普段の
あそびに　　スキン
シップに

1番

♪ぎゅっとします

1 両手を構える。

♪（ぎゅっ）

2 子どもを抱き締める。

♪ぎゅっとします（ぎゅっ）

3 ①②を繰り返す。

♪ぎゅっとしません

4 ①と同じ。

♪（えっ）

5 自分を抱き締める。

♪ぎゅっとします（ぎゅっ）

6 ①②を繰り返す。

♪そんなにかわいい
かおしたら

7 抱き締めたまま、揺する。

♪（3 2 1 0）

8 脇に手を入れて構える。

2番 ※2番の①〜⑥は、歌詞に合わせ、1番の動作を入れ替えて行う。

♪（ドーン！）

9 抱き上げる。

♪そんなにかわいい
かおしたら

7 グーの手を左右に振って、
いやいやの動作。

♪（3 2 1 0）

8 両手でリズムを取る。

♪（こちょこちょ）

9 くすぐる。

3番 ※3番の①〜⑥は、歌詞に合わせ、1番の動作を入れ替えて行う。
⑦⑧⑨は1番と同じ。

♪つっつきます

1
1番の①と同じ。

♪（つんつん）

2
人さし指でおなかをつつく。

♪つっつきます（つんつん）

3
4番の①②を繰り返す。

♪つっつきません

4
1番の①と同じ。

♪（ほっ）

5
胸に手を当て、ほっとしたポーズ。

♪つっつきます（つんつん）

6
4番の①②を繰り返す。

♪そんなにかわいい
　かおしたら

7
1番の⑦と同じ。

♪（３　２　１　０）

8
1番の⑧と同じ。

5番 ※5番の①〜⑥は、歌詞に合わせ、4番の動作を入れ替えて行う。

♪（ドーン！）

9
1番の⑨と同じ。

♪そんなにかわいい
　かおしたら

7
2番の⑦と同じ。

♪（３　２　１　０）

8
2番の⑧と同じ。

♪（こちょこちょ）

9
2番の⑨と同じ。

6番 ※6番の①〜⑥は、歌詞に合わせ、4番の動作を入れ替えて行う。⑦⑧⑨は4番と同じ。

そんなにかわいいかおしたら

作詞・作曲／小沢かづと

1. ぎゅっとします　（ぎゅっ）ぎゅっとします　（ぎゅっ）ぎゅっとしま せん（えっ）ぎゅっとします　（ぎゅっ）
2. ぎゅっとしま せん（えっ）ぎゅっとしま せん（えっ）ぎゅっとします　（ぎゅっ）ぎゅっとしま せん（えっ）
3. ぎゅっとします　（ぎゅっ）ぎゅっとしま せん（えっ）ぎゅっとしま せん（えっ）ぎゅっとします　（ぎゅっ）
1.2.3.そん な に かわ い い かおしたら

（3　2　1　0）1.3.（ドーン！）
2.（こちょこちょ）

4. つっつきます（つん つん）つっつきます（つん つん）つっつきません　　ほっ）つっつきます（つん つん）
5. つっつきません　　ほっ）つっつきません　　ほっ）つっつきます（つん つん）つっつきません　　ほっ）
6. つっつきます（つん つん）つっつきません　　ほっ）つっつきません　　ほっ）つっつきます（つん つん）

4.5.6.そん なに かわ い い かおしたら　　（3　2　1　0）4.（ドーン！）
5.（こちょこちょ）
6.（ドーン！）

おきてよ おきて!!

1〜2歳児

CDNo.29

案●ジャイアンとばば

冬ごもりから目覚めた動物たちの楽しいあそび歌。
いろいろな動物に替えて楽しんでみましょう。
朝の会や午睡から起きた際に歌っても楽しいですね。

普段のあそびに ／ 集まりのときに ／ 生活の節目に

1番

♪ねぼすけクマさん グーグーグー

1 手を合わせ、ほおに当て、寝ているまねをする。

♪おきてよおきて もうはるよ

2 反対側で①と同様にする。

♪そろそろ おめざめ

3 のびをする。

♪123

4 指を順番に1本、2本、3本立てる。

♪（ガオー）

5 つめを立てた手を顔の横に出し、クマのまねをする。

2番以降、「♪ねぼすけ〜123」は、1番の①〜④と同様にしてあそびます。

2番 ♪（ニョロニョロニョロ〜）

5 手でヘビのまねをして、ニョロニョロさせる。

3番 ♪（ピョーン!!）

5 跳ねているように体を前に出しながら、手を顔の横でパッと開く。

4番 ♪（のそ）

5 平泳ぎのように手を動かし、ゆっくり首を穴から出すような動きをする。

5番 ♪（おっはよ〜!!）

5 片手を上げ、次にもう片方の手を上げる。

おきてよ おきて!!

作詞・作曲／ジャイアンとばば

1.ねぼすけクマ さん
2.ねぼすけヘビ さん
3.ねぼすけケロちゃん
4.ねぼすけカメ さん
5.ねぼすけみん な

グーグーグー おきてよおきて もうはるよ そろそろおめざめ 1 2 3

1.（ガオー）
2.（ニョロニョロニョロ〜）
3.（ピョーン!!）
4.（のそ）
5.（おっはよ〜!!）

にぎってね

0～2歳児

CD No.30

案●DonU

保育者が差し出した指を子どもが握って楽しむ、ふれあいあそび。
子どもの指を保育者が握ってあそんでも OK。
0歳児の赤ちゃんでも、指を握れるようになればあそべます。

普段のあそびに　すきま時間に　親子のあそびに　スキンシップに

♪ゆびを　♪にぎって　♪ね

①
保育者は、子どもと向かい合って座り、両手の人さし指を立てて出し、歌に合わせて左右に振る。

♪ぎゅっと　はなさな

②
①と同じ。

♪いで

③
子どもの目の前に両手の人さし指を差し出し、子どもが両手で握る。

♪ティッティー

④
子どもが握ったまま、保育者が指を横に動かす。

♪デュワ　デュワ

⑤
小刻みに揺らす。

♪ティッティー　デュワ　デュワ（×5）

⑥
④⑤と同様に、上下左右いろいろな方向に動かしては、小刻みに揺らす（5回）。

♪ティー

⑦
子どもが握ったまま、保育者が両手の指を左右に広げて、子どもと見つめ合う。

にぎってね

作詞・作曲／DonU

ゆびを　にぎってね　－　ぎゅっと　はなさないで　－　ティッティーデュワ　デュワ　ティッティー　デュワ　デュワ

ティッティーデュワ　デュワ　ティッティーデュワ　デュワ　ティッティー　デュワ　デュワ　ティッティー　デュワ　デュワ　ティー

ワンポイントアドバイス

指を上下左右いろんなところに動かしたり、最後に見つめ合うときに、顔を近づけたりしてみましょう。そうすることで、さらにおもしろくなり、あそびが盛り上がります。

49

おはなし おてて

CDNo.31

案●高嶋愛

おててがお話ししたり、食べたり、笑ったり……、
手を口に見立て、動かしてあそびましょう。
表情豊かに動く保育者の手を見て、子どもたちもまねしてあそびます。

普段の
あそびに

集まりの
ときに

1番

♪おててとね　おててがね

1 片手ずつパーの手を出す。

♪おはなし
　しているよ

2 両手をそのまま左右に揺らす。

♪ねえねえねえ

3 話しているように片手をパクパク動かす。

♪なあに

4 もう片方の手を、応えるように
パクパク動かす。

♪あそぼ　いいよ

5 ③④と同じ。

♪まてまて〜まてまて

6 手と手が追いかけっこしている
ように、一方向に動かす。

♪「ハイ」

7 両手を広げる。

♪まてまて〜まてまて

8 ⑥と同様に反対方向に動かす。

♪「ハイ」

9 ⑦と同じ。

♪あー　たのしいね

10 両手を上げて、きらきらさせながら、
ゆっくりと下までおろす。

♪ おててとね～
　 たべよ　いいよ

❶～**❺**

1番の①～⑤と同じ。

♪ むしゃむしゃ～
　 むしゃむしゃ

❻

食べ物を食べているように、
両手をパクパクと動かす。

♪「ハイ」

❼

1番の⑦と同じ。

♪ むしゃむしゃ
　～「ハイ」

❽ ❾

2番の⑥⑦と同じ。

♪ あー　おいしいね

❿

1番の⑩と同じ。

♪ おててとね～
　 わらおう　いいよ

❶～**❺**

1番の①～⑤と同じ。

♪ わははは～
　 わっはっはっ

❻

両手を口に見立てて、閉じたり開いたり
して笑っているように動かす。

♪「ハイ」

❼

1番の⑦と同じ。

♪ わははは～
　～「ハイ」

❽ ❾

3番の⑥⑦と同じ。

♪ あー　おかしいね

❿

1番の⑩と同じ。

かかわりポイント

子どもたちに注目してもらいたいときに「こっち見て～!」「○○ちゃ
ん!」などと大きな声で何度も言うのは NG！　楽しくない雰囲気に
なります。そんなとき、この手あそびを始めると、子どもたちが興味
をもって見はじめます。

おはなし おてて

作詞・作曲／高嶋愛

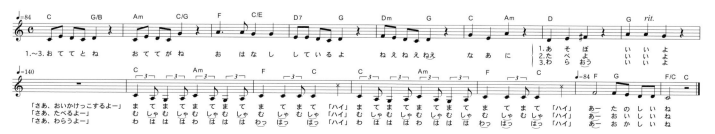

カカール ケルカル

0〜2歳児

CD No.32

案●すかんぽ

魔法使いになり切って呪文を唱え、
友達に魔法をかけちゃう不思議なあそび歌。
0歳児は、優しくだっこでふれあいを楽しみます。

普段の
あそびに　すきま
時間に　親子の
あそびに　集まりの
ときに　スキン
シップに

0歳児向け

保育者が1対1で向き合い、抱き上げたり、抱きしめたりしてあそびます。

1番　♪あなたに〜まほうです

① 片手の人さし指を顔の横でくるくる回し、「♪なかなか」から、反対の手に替えて回す。

♪カカール ケルカル カールカル

② 抱き上げ、上下、左右、回すなどして動かす（魔法で体がふわふわ浮いているイメージ）。

♪（チッチッチッチッ）ねーちゃった

③ 抱いたまま自分も子どもも左右に揺れる。

♪（ぐー）

④ 横抱きにして寝かしつけるしぐさ。

♪（ハイ）とけた

⑤ 抱き起こしてぎゅっと抱きしめる。

④以外、2、3番とも1番と動作は同じ。
2番の④は、だっこして優しく跳ぶ。
3番の④は、だっこして左右に揺れる。

カカール ケルカル

作詞／川崎ちさと　作曲／入江浩子

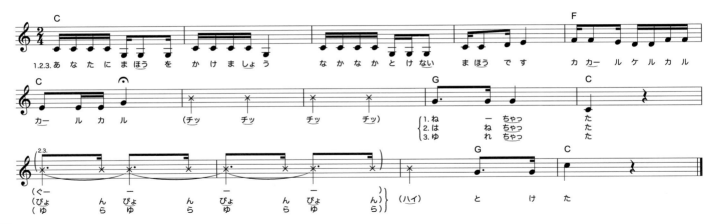

1.2.3.あなたにまほうをかけましょう なかなかとけない まほうです カカールケルカル

カールカル （チッ チッ チッ チッ） 1.ねーちゃった 2.はねちゃっ 3.ゆねちゃっ たた

（ぐー） （ぴょーんらぴょーんらぴょーんらぴょーんら） （ハイ） と け た

1〜2 歳児向け　相手に魔法をかけるイメージで、②で手を怪しげに動かすのがポイント！
保育者が魔法をかけ、⑤の動作は子どもと一緒にします。

1番

♪あなたに〜まほうです

① 0歳児向けの①と同じ動作。

♪カカール ケルカル カールカル

② 前の人の目を回すように、人さし指を
ゆっくりくるくる回す。

♪（チッチッチッチッ）

③ 人さし指を顔の前で左右に揺らす。

♪ねーちゃった

④ 人さし指でリズムを取る。

♪（ぐー）

⑤ 「ぐー」と言いながら寝るポーズ。

♪（ハイ）とけた

⑥ 顔の前で手をたたいてから開く。

2番　※②⑤以外、1番と同じ。

♪カカール ケルカル カールカル

② 惑わせるように両手の
指をゆらゆら動かす。

♪（ぴょんぴょん
ぴょんぴょん）

⑤ 跳びはねる。

3番　※②⑤以外、1番と同じ。

♪カカール ケルカル カールカル

② 人さし指を下に向け、
左右に揺らす。

♪（ゆらゆら
ゆらゆら）

⑤ 体を前後、左右に揺らす。

やっぱりキノコ

0歳児は、体を持ち上げたりしながらふれあいを楽しみ、
1〜2歳児は、キノコになり切って思い切り体を動かしましょう。

普段の
あそびに

親子の
あそびに

行事の
ときに

スキン
シップに

0歳児向け

子どもを足の上に乗せ、1対1であそびましょう。座った姿勢で子どもを持ち上げるのが難しいときは、膝を支えにして持ち上げてもOKです。

♪（前奏）

1 両脇をしっかり抱え、リズムを取ってから子どもを持ち上げる。

♪キノコキノコキノコキノコ
キノコキノコキノコキノコ

2 左右に一緒に体を倒す（4回）。

♪くるくるまわしても

3 子どもの上半身を円を描くように水平に回す。

♪はんたいに
まわしても

4 ③を反対回りで。

♪さかさにしてみても

5 子どもをゆっくり倒してからまた起こす。

♪キノコはキノコ
やっぱりキノコ

6 ②と同様に体を左右に倒す（2回）。

♪キノコキノコキノコ

7 両膝を上下させる。

♪（ホッ）

8 子どもを少し持ち上げる。

♪キノコキノコキノコ（ホッ）

9 ⑦⑧を繰り返す。

2回目からはテンポを上げてあそんでみましょう。あそびの最後は、子どもをぎゅっと抱きしめるといいですね。

キノコになり切って、手でかさの形を表したり、足をキノコの柄のように真っすぐ伸ばしてジャンプしたりしてみましょう。

♪（前奏）

1 腰に手を当てリズムを取ってから、両手で円を描くように回し、頭の上で輪を作る。

♪キノコキノコキノコキノコ
キノコキノコキノコキノコ

2 ①のポーズで左右に上半身を揺らす（4回）。

♪くるくる まわしても

3 両手を下で広げ、その場でゆっくりひと回りする。

♪はんたいに まわしても

4 反対側にひと回りする。

♪さかさにしてみても

5 足を開いて両手を床に付けるようにする。

♪キノコはキノコ やっぱりキノコ

6 両手を円を描くように回し、頭の上で輪を作る（2回）。

♪キノコキノコキノコ

7 腕を元気に振って、その場で足踏み。

♪（ホッ）

8 手を広げてジャンプする。

♪キノコキノコキノコ（ホッ）

9 ⑦⑧を繰り返す。

♪（間奏）

10 ⑥と同じ（1回）。

間奏で「次はちょっと速くやってみるよ～」と声をかけ、2回目からテンポを上げてあそんでみましょう。

♪（後奏～ラスト）

11 ⑩の動作に続けてグーの手を胸で構え、手足を広げてジャンプし、決めポーズ。

やっぱりキノコ

作詞・作曲／はらくん

れいぞうこ

1～2歳児

CDNo.34

案●あしたま

冷蔵庫の中からいろいろな物を取り出します。
くすぐるまねをしたり、くすぐり合ったり、
親子でペアになってあそんでも楽しいですね。

普段の
あそびに

親子の
あそびに

集まりの
ときに

1番

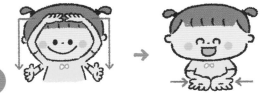

♪れいぞうこの なかには

1

手のひらで上から下に四角を描くようにし、
「♪なかには」で閉じる。

♪ちいさいチョコが

2

親指と人さし指を向き合わせて
三角を作る。

♪ありました

3

両手を上から下にひらひら
させて下ろす。

③の後に、次にどんな動作を
するか声をかけましょう。

2番 ※①と③は、1番と同じ。

♪コチョコチョ～コチョコ

4

くすぐるまねをする。

♪ぎゅうにゅうが

2

人さし指で上から下に長方形を描く。

♪ぎゅーっと
～ぎゅうにゅう

4

自分をぎゅっと抱き締める。

3番 ※①と③は、1番と同じ。

♪とんかつが

2

人さし指を鼻の頭に当てる。

♪トントントントン
～とんかつ

4

肩たたきのまねをする。

4番 ※①と③は、1番と同じ。

♪スリッパが

2

スリッパを脱ぐ動作。

♪スリスリスリスリ
～スリッパ

4

自分のほおを手のひらで
スリスリとこする。

5番の④は、保育者が子どもを抱き上げ、ゆっくり下ろします。

♪サイダーが

② サイダーを飲むしぐさ。

♪（プシュー　ハアー〜ハアー）

④ 両手を上げてジャンプし、脱力してしゃがむ（繰り返す）。

♪ふしぎな　ふしぎな　れいぞうこ　これでおしまい（バタン）

⑤ 1番の①を3回繰り返し、「♪まい」で両肘を立てて左右に広げ、「♪（バタン）」で、前で閉じる。

れいぞうこ

作詞・作曲／近藤かをる

※楽譜は読みやすくするために音源とは調を変えています。

どうぶつでんしゃ

「どうぶつでんしゃ」にウサギ、ゴリラ、ワニが次々に乗車！
駅長さんに動物たち、何役も楽しめるあそび歌です。

普段の
あそびに

親子の
あそびに

行事の
ときに

スキン
シップに

子どもを膝の上に乗せ、1対1であそびましょう。

1番

♪どうぶつでんしゃが
きたよ

1 リズムに合わせ、両手で子どもの
背中をとんとんたたく。

♪ウサギさんが
のりますよ

2 足の上に寝かせて起こす（2回）。

♪ガッタンゴットン
〜ぴょんぴょん

3 膝を上下させるようにして
子どもを上下に弾ませる。

♪トンネルくぐって

4 足を開いて子どもを下ろす。

♪おやまをぬけたら

5 足を戻して子どもを持ち上げる。

♪とうちゃくです

6 ゆっくり足の上に下ろす。

2番 ※③以外は、1番と同じ。

♪ガッタンゴットン
〜うっほっほ

3 脇をしっかり持ち、子ども
の体を左右にひねる。

3番 ※③以外は、1番と同じ。

♪ガッタンゴットン
〜ぱっくぱく

3 子どもの両脇を手でぱくぱくつかむ。
⑥の後は、子どもを抱き締める。

どうぶつでんしゃ

作詞・作曲／小沢かづと

駅長さん気分で指さし確認や敬礼をしましょう。
ポーズを1つ1つ決めると楽しいですよ。

1番

♪どうぶつでんしゃが

①

手拍子をする。

♪きたよ

②

片手を腰に当て、もう一方の手で指さしを2回する。

♪ウサギさんが

③

両手を耳にして
2回ジャンプ。

♪のりますよ

④

手拍子をする。

♪ガッタンゴットン～ぴょんぴょん

⑤

「♪ガッタンゴットン」で足踏みしながら両手を脇で同時に回し（電車の車輪の動き）、「♪ぴょんぴょん」で③の動作をする。4回繰り返す。

♪トンネルくぐって

⑥

足を開き、両手を腰に当てる。

♪おやまをぬけたら

⑦

手を上で合わせる。

2番　※③と⑤以外は、1番と同じ。

♪とうちゃく

⑧

上から下にかいぐりをする。

♪です

⑨

真っすぐに立ち、敬礼する。

♪ゴリラさんが

③

グーの手で胸を左右交互にたたく。

♪ガッタンゴットン～うっほっほ

⑤

電車の車輪の動きをしてから、「♪うっほっほ」で足踏みしながら2番の③の動作をする。4回繰り返す。

3番

※③と⑤以外は、1番と同じ。

♪ワニさんが

③

片手を伸ばし、もう片方の手を2回合わせる。

♪ガッタンゴットン～ぱっくぱく

⑤

電車の車輪の動きをしてから、「♪ぱっくぱく」で足踏みしながら3番の③の動作をする。4回繰り返す。

0〜2歳児

小さい怪獣体操

怪獣になり切って手足を動かし、バランスを取る動きは、
朝の体操や準備体操にぴったりです。

CDNo.36

案●はらくん

普段の
あそびに／すきま
時間に／親子の
あそびに／集まりの
ときに／行事の
ときに／スキン
シップに

1番 ♪ちいさいかいじゅうの〜
ひをふくぞ（ポッ）

♪ちいさいかいじゅうの〜
ジャンプするぞ（ピョイン〜）

0歳児向け

保育者が足を伸ばし、
子どもを膝の上辺り
に乗せ、脇をしっか
り持ってあそびます。

1 保育者が、歩くように膝を上下させ、「♪（ポッ）」
で子どもの前で手を開いて火を表現する。

2 ①の最初の動作の後、「♪（ピョイン〜）」
で子どもを持ち上げる。

♪ラララ　かたあしあげて（ガオ〜）
はんたいもあげて（ガオ〜）

♪そのばでぐるりと〜しっぽふろう
（ふりふりふり〜）

♪おおきく
なりました

3 右足を上げて子どもの体を左に倒し、「♪はんたい」
から左足を上げて、子どもの体を右に倒す。

4 足の上で子どもを1回転させ、「♪（ふりふりふり
〜）」で子どもを揺らす。

5 子どもを持ち上げる。

2番 ※①〜④まで1番と同じ。
1番より動きを大きくする。

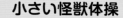

小さい怪獣体操

作詞・作曲／はらくん

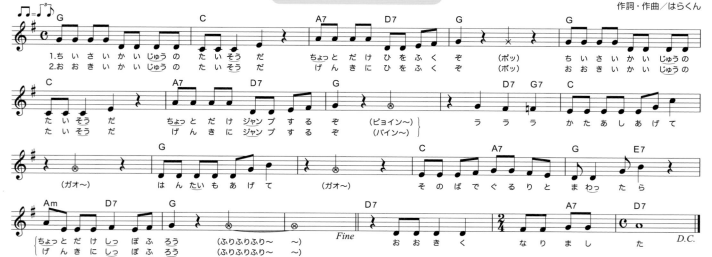

1〜2歳児向け 1番は小さい怪獣。2番では成長した怪獣をイメージし、大きな動きをしてみましょう。片足立ちはやったつもりで楽しめればOK!

1番 ♪ちいさいかいじゅうの〜 ひをふくぞ（ポッ）

1 おしりをついた状態で足踏みし、「♪（ポッ）」で火がついたように手を開く。

♪ちいさいかいじゅうの〜 ジャンプするぞ（ピョイン〜）

2 ①の最初の動作をし、「♪（ピョイン〜）」でカエル跳びをする。

♪ラララ　かたあしあげて （ガオ〜）

3 片足を浮かせ、「♪（ガオ〜）」で怪獣の鳴きまねをする。

♪はんたいもあげて （ガオ〜）

4 もう一方の足を浮かせ、「♪（ガオ〜）」で怪獣の鳴きまねをする。

♪そのばでぐるりとまわったら〜 しっぽふろう（ふりふりふり〜）

5 しゃがんだ姿勢でゆっくり1回転し、「♪（ふりふりふり〜）」でおしりを上げて振る。おしりをついたまま回ってもOK。

♪おおきく なりました

6 手を回しながらゆっくり立ち上がる。

2番 ♪おおきいかいじゅうの〜 ひをふくぞ（ボッ）

1 大きい怪獣になり切ってその場で力強く歩き、「♪（ボッ）」で両手を開いて突き出し、火を表現する。

♪おおきいかいじゅうの〜 ジャンプするぞ（バイン〜）

2 2番の①と同様に歩いた後、「♪（バイン〜）」でジャンプ。

♪ラララ　かたあしあげて（ガオ〜）

3 片足を上げ、「♪（ガオ〜）」で怪獣の鳴きまねをする。

♪はんたいもあげて（ガオ〜）

4 もう一方の足を上げ、「♪（ガオ〜）」で怪獣の鳴きまねをする。

♪そのばでぐるりと〜 （ふりふりふり〜）

5 その場でゆっくり1回転し、「♪（ふりふりふり〜）」でおしりを振る。

スケートアニマル体操

交互の片足立ち、少し長い片足立ち、ジャンプの3つの動きを楽しめます。
0歳児は、おむつ替えのタイミングなどで
楽しめるあそびです。

普段の あそびに	親子の あそびに	行事の ときに	生活の 節目に	スキン シップに

1〜2 歳児向け スケートってわかるかな？ 氷の上をすーっと滑るような
心地よさを感じながらあそんでみましょう。
片足立ちは、やったつもりでOK！

1番

♪スケートスケート すー
スケートスケート すー

1 ペンギンのように手を開き、体を傾けながら左右交互に片足立ち
をし、「♪すー」の後、1回止まる。2回繰り返す。

♪クマさんも すー

2 丸く握った手を耳のように頭に当て、「♪すー」で
体を傾けて片足で立つ。

♪パンダさんも すー

3 眼鏡のように手を目に当て、②と反対側に体を傾けて片足で立つ。

♪ウサギさんは ジャンプ

4 開いた手を耳のように頭に当て、「♪ジャンプ」で跳び上がる。

スケートアニマル体操

作詞・作曲／はらくん

1.2.スケートスケート すー スケートスケート すー 1.クマさんも すー パンダさんも すー

ウサギさんは ジャンプ もういっかい ジャンプ （きまったね） 2.おサルさんも すー （くるくるくる〜）

ワニさんも すー （くるくるくる〜） カエルさんは ジャンプ もういっかい ジャンプ （きまったね）

♪もういっかい ジャンプ　　♪（きまったね）　　　　　　　♪おサルさんも すー

5

④と同じ。

6

ガッツポーズをする（好きな
決めポーズで OK）。

2

指先を頭に当て、「♪すー」で体を傾けて片足で立つ。

♪（くるくるくる〜）　　　　　♪ワニさんも すー　　　　　　♪（くるくるくる〜）

3

②のポーズのまま、その場で回る。

4

ワニの口のように両手を動かし、「♪すー」で
体を傾けて片足で立つ。

5

④のポーズのまま、その場で回る。

♪カエルさんは ジャンプ　　　♪もういっかい ジャンプ　　　♪（きまったね）

6

しゃがんで両手を床につけるようにし、
「♪ジャンプ」で跳び上がる。

7

⑥と同じ。

8

1番の⑥と同じ（ポーズは
変えてもOK）。

---

0 歳児向け　子どもを寝かせ、保育者が子どもの足を優しく動かしながら1対1であそびます。
以下の動作以外は、リズムに合わせて足を揺らしましょう。

♪すー　　　　　　　　　　♪ジャンプ　　　　　　　　♪（きまったね）　　　　　♪（くるくるくる〜）

「♪すー」のところで、軽
く片足を持ち上げる（左右
交互に上げる）。

「♪ジャンプ」のところで、
優しく両足を持ち上げる。

「♪（きまったね）」のとこ
ろで、軽く両足をパチパチ
パチと3回合わせる。

「♪（くるくるくる〜）」の
ところで、軽く両足を小刻
みに震わせる。

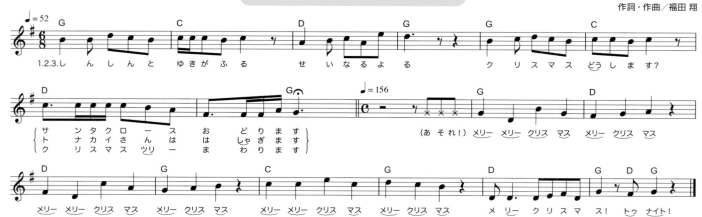

0〜2歳児

クリスマスどうします？

CD No.38

クリスマス前のわくわく感を全身で表現してあそびます。
0歳児は、優しくだっこして楽しみ、
1〜2歳児は、大きな声でみんなでかけ声をかけると楽しいですよ。

案●福田 翔

親子の あそびに　行事の ときに

0 歳児向け　子どもを抱いて立ち、1対1であそびます。

1番

♪しんしんとゆきがふる〜おどります（あそれ！）

1 子どもの体に優しくふれる。

♪メリーメリークリスマス メリークリスマス（×3）

2 子どもが上下の動きを感じられるくらいに、ゆっくり屈伸する。

♪メリークリスマス！トゥナイト！

3 顔が隠れるように優しく抱き締めてから「♪トゥナイト！」で顔を見合わせる。

2番 ※②以外、1番と同じ。

♪メリーメリークリスマス メリークリスマス（×3）

2 抱いたまま体を優しく左右に揺らす。

3番 ※②以外、1番と同じ。

♪メリーメリークリスマス メリークリスマス（×3）

2 その場で走ってひと回り→反対回り→反対回り。

子どもの表情を見ながら動作を加減し、楽しさを共有します。体を強く揺らしすぎないように注意しましょう！

クリスマスどうします？

作詞・作曲／福田 翔

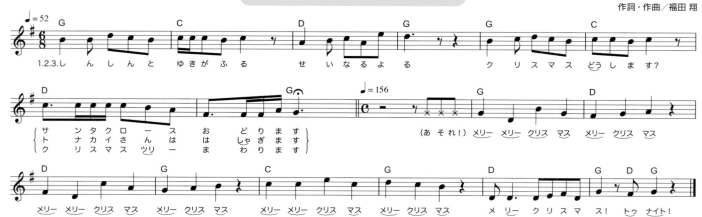

1～2 歳児向け サンタクロース、トナカイ、クリスマスツリーになり切って体を動かしてあそびましょう。
静かな部分から、少しテンポが速くなる変化を楽しんでください。

1番

♪しんしんとゆきがふる

1 片手を上げ、ひらひらさせながら下ろす。

♪せいなるよる

2 反対の手で①と同様に。

♪クリスマスどうします？

3 腕を組み、上半身をゆっくり左右に振る。

♪サンタクロースおどります（あそれ！）

4 肩に袋をかつぐしぐさ。

♪メリーメリークリスマス メリークリスマス（×3回）

5 ④のポーズのまま両足を広げ、左右に元気に手を振る。

♪メリークリスマス！トゥナイト！

6 ⑤のポーズのまま片膝をついて下を向き、「♪トゥナイト！」で、ぱっと顔を上げる。

2番　※①～③は、1番と同じ。

♪トナカイさんははしゃぎます（あそれ！）

4 指を立てて角を表し、ゆっくり頭に当てる。

♪メリーメリークリスマス メリークリスマス（×3）

5 ④のポーズのまま両足を広げ、左右に元気に腰を振る。

♪メリークリスマス！トゥナイト！

6 ⑤のポーズのまま片膝をついて下を向き、「♪トゥナイト！」で、ぱっと顔を上げる。

3番　※①～③は、1番と同じ。

♪クリスマスツリーまわります（あそれ！）

4 ツリーの形をイメージし、両手を下に広げる。

♪メリーメリークリスマス メリークリスマス（×3回）

5 ④のポーズのまま、その場で走ってひと回り→反対回り→反対回り。

♪メリークリスマス！トゥナイト！

6 ⑤のポーズのまま正面で片膝をついて下を向き、「♪トゥナイト！」で、ぱっと顔を上げる。

列車で出発！

お部屋の移動をするときに、みんなで列車になってガタゴト。
移動場所に合わせて速く歌ったり、歌詞を長くしたり、
短くしたりして、あそびながら移動しましょう。

普段の
あそびに

すきま
時間に

生活の
節目に

1番 ♪ガタゴト ガタゴト れんけつします

1 列車になったつもりで、両手を回しながら歩く。

♪ガッタイ ガッシャンコ 〜しゅっぱつだ

2 「♪ガッシャンコ」で友達の肩に手を置き、つながる。

2番 ♪ガタゴト ガタゴト ふみきりだ

1 保育者を先頭に、友達とつながったまま、歩く。

♪カンカンカンカン〜しゅっぱつだ

2 保育者が遮断機のまねをして、列車を止める。

3番 ♪ガタゴト ガタゴト トンネルだ

1 2番の①と同じ。

♪ゴーゴー 〜ゴーゴーゴー

2 歩くのをやめて、目を覆う（トンネルの中を通っている気分）。

♪（パッ）

3 手を離して、目を開ける（トンネルを抜けた気分で）。

♪しゅっぱつだ

4 友達の肩に手を置き、出発の準備をする。

♪ガタゴト ガタゴト

5 2番の①と同じ。

♪しゅうてんだ

6 移動先に着いたら「♪しゅうてんだ」と歌い、離れる。

♪しゅうてんだ

お忘れ物の
ないように
次はご飯です。
手を洗いましょう!!

最後に、保育者は次の行動に関しての言葉を添えると、スムーズに次の動きに移れます。

列車で出発！

作詞／南夢未　作曲／さあか

1〜3. ガタゴト ガタゴト
れんけつします
ふみーきりだ
トンネルだ

ガッタイ
カンカン
ゴーゴー

ガッシャンコ
カンカン（♪）
ゴーゴーゴー

ガッタイ
カンカン
ゴーゴー

ガッシャンコ
カンカン（♪）
ゴーゴーゴー

ガッタイ
カンカン
ゴーゴー

ガッシャンコ
カンカン（♪）
ゴーゴーゴー

ガッタイガッシャンコ
カンカンカンカン カンカン
ゴーゴーゴー カン カン（パッ）

しゅっ　　ぱつだ

ガタゴト ガタゴト しゅう　てんだ

ダルマさん

ハンカチで作るおだんごをダルマさんに見立てます。
年齢ごとにあそびを発展させてみましょう。
本物のダルマの写真や絵本に親しむ時間を作るといいですね。

CDNo.40

案●伊藤利雄

普段の
あそびに

すきま
時間に

親子の
あそびに

0歳児向け

歌った後に、ハンカチのダルマさんを渡したり、もらったりのやり取りを楽しみます。1対1で向かい合って座り、歌は繰り返して口ずさむといいでしょう。

ダルマさん

作詞・作曲／伊藤利雄

歌の後に保育者が子どもに「はい、どうぞ」とダルマさんを差し出し、子どもが受け取る。今度は「ちょうだい」と保育者が両手を出し、ダルマさんを載せてもらう。

1〜2歳児向け

保育者が、ダルマさんをキャッチして見せ、それから子どもの頭へ。落とさずに立っていられるかな？

♪ダルマ

1 保育者がこぶし（甲側）に載せたハンカチのダルマさんをはじき上げる。

♪さん

2 両手でキャッチ。

3 子どもの頭にダルマさんを載せ、「落とさないようにね」と声をかける。落ちなければ成功！

ハンカチダルマさんの作り方

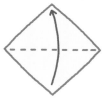

1 ハンカチを半分に折る。

2 角が折れないように気をつけ、約1/3に折り合わせる。

3 中ほどまで巻き上げる。

4 裏返す。

拡大

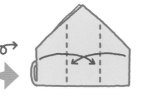

5 再び1/3に折り合わせる。

6 先端を下に差し込む。

7 先を押し込むように内側と外側を返して巻き込み、完成。

67

2歳児

CD No.41

案●入江浩子

はじまるよ

保育者のまねをする簡単なあそび歌なので、すぐに始められます。
体をいっぱい動かして、楽しく元気にあそびましょう！
かけあいの部分は保育者が先に動き、子どもがまねっこします。

普段の
あそびに

集まりの
ときに

1番

♪さあみんなあつまって
なんだかいいこと
はじまるよ

1 腕を振りながら、足踏みをする。

♪みんなみんな
あつまって
げんきにまねっこ

2 腕を上に伸ばして、左右に
振りながら足踏みをする。

♪はじめる

3 手拍子を2回する。

♪よ

4 両手を上にあげる。

♪「おーい」
（おーい）

5 口の横に手を添える。

♪「やっほっほー」
（やっほっほー）

6 ⑤と同じ。

♪「イェイイェイイェイ」
（イェイイェイイェイ）

7 片手を上に3回振り上げる。

♪「ワッハッハー」
（ワッハッハー）

8 おなかを抱えて笑う。

♪じょうずにできたら

9 首を振ってリズムを取る。

♪やった

10 手を1回たたく。

♪ね

11 好きなポーズで決める。

♪さあ みんな あつまって なんだかいいこと はじまるよ

1

1番の①と同じ。

♪みんなみんな あつまって げんきにまねっこ

2

1番の②と同じ。

♪はじめる

3

1番の③と同じ。

♪よ

4

1番の④と同じ。

♪「ジャンプ ジャンプ」 （ジャンプ ジャンプ）

5

2回ジャンプする。

♪「ブラブラブラー」 （ブラブラブラー）

6

手をブラブラ振る。

♪「クルクルクルー」 （クルクルクルー）

7

クルクル回る。

♪「プリッブリッブリッ」 （プリッブリッブリッ）

8

おしりを振る。

♪じょうずにできたら

9

1番の⑨と同じ。

♪やった

10

1番の⑩と同じ。

♪ね

11

1番の⑪と同じ。

はじまるよ

作詞・作曲／入江浩子

さあ みんな あつまって なんだかいいこと はじまるよ みんなみんな あつまって げんきにまねっこ はじめる よ

1.「おーい」　（おーい）　「やっほっほー」　（やっほっほー）　「イェイイェイイェイ」
2.「ジャンプ ジャンプ」　（ジャンプ ジャンプ）　「ブラブラブラー」　（ブラブラブラー）　「クルクルクルー」

（イェイイェイイェイ）　「ワッハッハー」　（ワッハッハー）
（クルクルクルー）　「プリッブリッブリッ」　（プリッブリッブリッ）

じょうずにできたら　やった ね

イエイ イエイ イエーイ

2
歳児

CDNo.42

案●入江浩子

朝のはじまりにぴったり！
元気に踊って、いろいろな友達ともふれあって
楽しくあそんじゃおう！

普段の
あそびに

集まりの
ときに

♪てを

♪うえにあげて

♪イエイイエイ イエーイ

1 両手をグーにする。

2 両手をパーにして、上にあげる。

3 手を3回上下させる。

**♪てをうえにあげて
イエイイエイ イエーイ**

**♪きょうもみんなが
ニコニコわらえるように**

**♪てをうえに
あげて〜
イエイイエイ
イエーイ**

4 ①〜③を繰り返す。

5 両手を上げたまま、
左右に振る。

6 ①〜③を2回繰り返す。

イエイ イエイ イエーイ

作詞・作曲／入江浩子

1.〜4.て を う え に あげ て イエイイエイ イエーイ　て を う え に あげ て イエイ イエイ イエーイ　きょう も みんな が ニ コ ニ コ わらえ る よう に ー

て を う え に あげ て イエイイエイ イエーイ　て を う え に あげ て イエイ イエイ イエーイ

（つぎは ジャンプ しながら やってみよう）
（つぎは まわりながら やってみよう）
（さいごは おともだちと やってみよう）

70

♪てをうえにあげて

①

1番の①②を繰り返す。

♪イエイイエイ イエーイ

②

手は、1番の③と同様に動かしながら、ジャンプする。

♪てをうえにあげて イエイイエイ イエーイ

③ 2番の①②を繰り返す。

♪きょうもみんなが ニコニコわらえるように

④ 1番の⑤と同様に踊る。

♪てをうえにあげて 〜イエイイエイ イエーイ

⑤ 2番の①〜③を繰り返す。

3番

♪てをうえにあげて

①

1番の①②を繰り返す。

♪イエイイエイ イエーイ

②

手は、1番の③と同様に動かし、ジャンプしながら回る。

♪てをうえにあげて イエイイエイ イエーイ

③ 3番の①②を繰り返す。

♪きょうもみんなが ニコニコわらえるように

④ 1番の⑤と同様に踊る。

♪てをうえにあげて 〜イエイイエイ イエーイ

⑤ 3番の①〜③を繰り返す。

4番

♪てをうえにあげて

①

1番の①②を繰り返す。

♪イエイイエイ イエーイ

②

友達と向かい合い、3回手を合わせる。

♪てをうえにあげて イエイイエイ イエーイ

③ 4番の①②を繰り返す。

♪きょうもみんなが ニコニコわらえるように

④ 1番の⑤と同様に踊る。

♪てをうえにあげて 〜イエイイエイ イエーイ

⑤ 4番の①〜③を繰り返す。

1〜2歳児

おさんぽポッポー

CD No.43

案●ジャイアンとばば

お散歩日和の春におすすめのあそび歌。
散歩先で見かける生き物たちになり切って踊ったり、
お散歩のときに歌っても楽しいです。

普段の
あそびに

すきま
時間に

集まりの
ときに

1番

♪ポッポー ポッポー
おさんぽ ポーッポー

1 両手を汽車の車輪に見立てて回しながら、小さくひと回りする。

♪はるのにおい
くんくん

2 片手を腰に、もう片方の手を4回振って、匂いを嗅ぐまねをする。

♪おひさま きらきら
ぽかぽか

3 両手を上げて、キラキラさせながら下ろす。

♪こんなひは

4 片手を腰に、もう片方の手の人さし指を立てて、2回手を上げ下げする。

♪チョウチョ
になって

5 両手を広げて2回上下させる。

♪おさんぽ
ポーッポー

6 両手を上下させながらチョウチョになって、小さくひと回りする。

♪ひらひらひら
はねをのばして

7 両手を4回上下させながら、左右に揺れる。

♪あっちにひらひら
こっちにひらひら

8 チョウチョになって、好きな場所へ自由に飛んでいく。

♪たのしいね
「ひらり」

♪「ひらり」

9 元の場所に戻り、「♪ひらり」で手を下ろす。

2番

♪ポッポー
ポッポー
〜こんなひは

①〜④

①〜④は、1番と同じ。

♪ヘビになって

5 両手を合わせてヘビを作り、胸の前でにょろにょろと動かす。

♪おさんぽ ポーッポー

6 両手を合わせてにょろにょろさせ、ヘビの動きをしながら小さくひと回りする。

♪にょろにょろにょろ
くねくねするよ

7 両手を合わせて、左右交互ににょろにょろさせる。

♪あっちに　にょろにょろ
こっちに　にょろにょろ
たのしいね　「にょろ」

8 ヘビのポーズで、好きな場所へ自由に行き、元の場所へ戻ってきて「♪にょろ」で両手を上にあげて、ヘビのポーズをする。

3番
♪ポッポー
ポッポー
〜こんなひは
①〜④
①〜④は、1番と同じ。

♪カエルになって

5 両手を顔の横に広げて、カエルになったつもりで2回ジャンプする。

♪おさんぽ
ポーッポー

6 カエルのポーズで、ジャンプしながらひと回りする。

♪ぴょんぴょんぴょん
おおきくジャンプ

7 2回小さくジャンプした後、「♪おおきくジャンプ」では、軽くしゃがんでからジャンプする。

♪あっちにぴょんぴょん
こっちにぴょんぴょん

8 カエルのジャンプで、好きな場所へ自由に行く。

♪たのしいね
「ケロッ」

9 元の場所へ戻ってきて、「♪ケロッ」で首をかしげる。

♪ポッポー（ポッポー）
〜「ポッポー」

10 1番の①を繰り返した後、最後の「♪ポッポー」で片手を腰に、もう片方の手を上に突き上げる。

おさんぽポッポー

作詞・作曲／ジャイアンとばば

1.〜3.ポッ ポー　ポッ ポー　おさんぽポーッポー　はるの におい くんくんー　おひさま きらきら ぽかぽかー

こん な ー ひ は　1.チョウ チョ になって　おさんぽ ポーッポー
2.ヘ　ビ
3.カエ　ル

1. ひら ひーら ひら はねをのばして
2. にょろにょーろにょろ くねくね するよ
3. ぴょんぴょんぴょん おおきくジャンプ

あっちに ひら ひら こっちに ひら ひら　たのしー いね
あっちに にょろにょろ こっちに にょろにょろ
あっちに ぴょんぴょん こっちに ぴょんぴょん

1.「ひらり」 ね
2.「にょろ」
3.「ケロッ」

ポッ ポー（ポッ ポー）　ポッ ポー（ポッ ポー）　お さんぽ ポーッポー　「ポッポー」

73

ポンポン ポップコーン

0〜2歳児

CD No.44

案●ジャイアンとばば

フライパンの上で、ポンポンと弾けるポップコーンが楽しい！
0歳児なら、ふれあいバージョンで、1〜2歳児なら、
手あそびバージョンで楽しんでみましょう。

普段の あそびに ／ 親子の あそびに ／ 生活の 節目に ／ スキン シップに

0 歳児向け
あおむけになった子どもの体の上であそぶ、ふれあいバージョン。
子どもの様子をよく見ながら行いましょう。

♪コロコロ コーン コロコロ コーン

1 両手をグーにして、子どもの見えるところで、手首を回すように動かす。

♪フライパンに ポンポポーン

2 子どもの体をフライパンに見立てて、体を優しくポンポンする。

♪あつ あつ あつ あつ あつ あつ

3 子どもの体をグーの手でなでる。

♪はじけて ポンポポーン ポンポン

4 片手ずつ交互に、子どもの体をつまむようにふれる。

♪ポップコーン

5 両手で子どもの体をつまむようにふれる。

♪ふわふわ カリカリ

6 つまんで食べるふりをする。

♪うまうま

7 子どものほおを優しくポンポンと触る。

♪ポンポン ポップコーン ポンポン ポンポン ポップコーン

8 「♪ポンポン」は④と同様、「♪ポップコーン」は⑤と同様にしてあそぶ。

ポンポン ポップコーン

作詞・作曲／ジャイアンとばば

コロコロ コーン コロコロ コーン フラーイパンに ポン ポ ポーン あつあつあつ あつあつあつ は じ けて ポン ポ ポーン

ポン ポン ポップ コーン ふわふわカリカリ うまうまー ポン ポン ポップ コーン ポン ポン ポン ポン ポップ コーン

保育者と子どもが向かい合い、子どもは保育者のまねをして手あそびをします。
簡単な手あそびバージョンですが、慣れるまで、ゆっくり行ってみましょう。

♪コロコロ コーン コロコロ コーン

1 片手をグーにし、手首を回すように動かす。

♪フライパンに

2 もう片方の手を広げ、手のひらを上に向けて胸の前に出す。

♪ポンポポーン

3 グーの手で、もう片方の手のひらをたたく。

♪あつ あつ あつ あつ あつ あつ

4 グーの手で、もう片方の手のひらをこする。

♪はじけて ポンポポーン ポンポン

♪はじ　♪けて

5 片手を交互に横に出し、はじける動きを3回繰り返す。

♪ポップコーン

♪ポップ　♪コーン

6 グーにした両手を合わせてから、両手を広げる。

♪ふわふわ カリカリ うまうま

♪ふわ　♪ふわ

7 両手で交互につまんで口に持っていき、食べるまねをする。「♪うまうま」で、ほっぺを両手でポンポンと触る。

♪ポンポン ポップコーン ポンポン ポンポン ポップコーン

8 「♪ポンポン」は⑤と同様、「♪ポップコーン」は⑥と同様にしてあそぶ。

かかわりポイント

● 0歳児なら、おむつ替えや、ちょっとしたふれあい時間に楽しみましょう。

● 1〜2歳児なら、朝の時間や絵本を読む前、お散歩へ行くときなど、どんな場面でも楽しめます。

さくらのダンス

CD No.45

案●南夢未

花びらや葉っぱがひらひら舞っているように、
楽しく踊ってあそんでみましょう。
保育者が歌って踊りはじめれば、子どもたちも自然に集まってきますよ。

親子の
あそびに

集まりの
ときに

行事の
ときに

基本のあそび

※1番、2番とも同様。

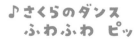

♪さくらのダンス ふわふわ ピッ

① 花びらが、ひらひら舞い落ちるように、両手を上から下にひらひらさせる。

♪かぜにのって おどりだす

② 両手を上げ、体ごと左右に大きく揺らす。

♪くる くる〜くるり

③ くるくる回る。

基本のあそびに慣れてきたらゲームのようにしてあそんでみましょう。保育者が、子どもを順番にだっこしてあそびます。次は、だれが選ばれるか、わくわくドキドキ。2番も同様に繰り返してあそびましょう。

♪さくらのダンス ふわふわ

① 子どもは、座って待っている。保育者は、基本のあそび①と同様にする。

♪ピッ

② 保育者は、1人の子どもの頭に花びらがくっつくように人さし指をくっつける。

♪かぜにのって おどりだす

③ ②の子をだっこして揺らす。

♪くる くる〜くるり

④ だっこしたまま、くるくる回る。

さくらのダンス

作詞／南夢未　作曲／さあか

1.さくら の　ダンス　ふわふわ ピッ
2.はっぱ の　ダンス　ユラユラ ピッ

かぜに のって おどりだす

くる－　くる－　くる－　くる－　くる－　くる－　くる り

サクラのはなびら ラッパパン

リズムに合わせて、体を揺らしたり、友達と一緒に
手拍子したりしながら、楽しい気持ちになるあそびです。
春を感じる季節にぴったりです。

集まりの
ときに
行事の
ときに

♪サクラのはなびら

1 パーにした両手を前に出し、
左右に揺らす。

♪ラッパパン ラッパパン
ラッパパン

2 手をたたく。

♪サクラのはなびら
ラッパパン
ラッパパ
ラッパパン

3 ①②を繰り返す。

♪つぼみから

4 両手を握る。

♪はながさいて

5 手を開く。

♪みんなでおどろう

6 ①と同じ。

♪ラッパパン

7 ②と同じ。

♪つぼみから はながさいて みんなでおどろう ラッパパン

8 ④〜⑦を繰り返す。

サクラのはなびら ラッパパン

作詞・作曲／こばやしゆうすけ

サクラのはなびら ラッパ パン ラッパ パン ラッパ パン サクラのはなびら ラッパ パン ラッパ パラッパ パン

つぼみから は ながさいてみんな で おどろう ラッパパン つぼみから は ながさいてみんな で おどろう ラッパパン

あそび歌作家
プロフィール

*本書掲載順に紹介します。

ジャイアンとぱぱ

宮城県の保育士、ボス、しょうちん、キャンディ、おはぎの4人からなる子育て支援サークル。親子向けの楽しいイベントを提供するほか、保護者向けの講習会や保育雑誌の執筆でも活躍中。

すえっこ

山梨県の現役保育士。いとこ同士の中村木乃実、深澤亮が結成したユニット。日々の保育で感じていることを盛り込んで、子どもたちがすぐに楽しめるあそび歌を考案している。

南夢未

「あそび工房ゆめみ」主宰。子育て支援で活動するかたわら、保育雑誌の執筆や保育者向けの講習会なども行っている。中でも0.1.2歳児向けのちょこっとあそびが人気を博している。

高嶋愛

楽しくておもしろいこと好き！　創作好き！　音楽好き！　の現役保育士。日々の保育で生まれたあそびを地域の親子と一緒に楽しんでいる。ふれあい、心がつながっていく過程を大切にしている。

すかんぽ

入江浩子

熊本県（写真左・入江浩子）と山梨県（写真右・川崎ちさと）の現役保育士ユニット。「こんなあそびがあったらいいね」という思いから生まれた、あそび歌やパネルシアターを作っている。

小宇宙会

保育士、デザイナー、輸入代理店勤務、小学生からなる異業種ユニット（写真左上から・塚越理英、河西亜沙子、根岸みゆき。下中央・あんな）。子どもとのやり取りを大切に、あそび歌の制作に励む。

浦中こういち

イラストレーター、あそび作家。保育園勤務後、三重県を拠点に全国の保育園、幼稚園であそびの実演や保育者向け講習会などを行う。絵本執筆、あそび歌、パネルシアター作りなど幅広く活躍中。

はらくん

保育士経験を生かし、あそび歌や体操、絵本、シアターなどを作っている。保育園や児童館、育児支援の場、イベントなどでコンサートや講演活動を行う。ユニット「みるくぷりん」としても活躍中。

りょうた（犬飼涼太）

「あそび工房らいおんバス」に参加。神奈川県相模原市の保育園勤務後、2005年「ミツル＆りょうた」としてコンビ結成。代表曲「昆虫太極拳」など、ユニークなあそび歌が大人気。全国で活躍中。

伊藤利雄

愛知県在住、保育士・社会福祉士・介護予防運動指導員。福祉施設、子育て支援などの場で歌あそび、ハンカチふれあい活動などを行う。誰もが安心して暮らせる地域づくりを目指して活動している。

カワクボメガネ

山梨県の現役保育士6人組。メンバー全員がそろうと、とにかくにぎやかで、よくしゃべり、よく笑い、楽しく活動している。地元のファミリーライブや、講習会などで活躍中。

小沢かづと

シンガーソングあそびライター。「子どもも大人も本気であそぶ」をモットーに、あそび歌ライブ、講習会講師等で活躍。海外公演、テレビ番組への出演など、活動の場を広げている。

DonU

山梨県の現役保育士4人組。育児真っ最中のメンバーも増え、さらににぎやかに。保育士としての仕事の経験を生かし、地元のファミリーライブや講習などで、活動している。

あしたま

「子どもたちとあそぶのが好き」という仲間で結成したグループ（写真左から・犬塚尚樹、近藤かをる、近藤誠）。オリジナルのあそび歌で、拠点の東京都品川区を中心に活動中。

福田翔

8年の保育士経験を経て、2014年にあそび歌作家としてフリーでの活動を開始。保育所、幼稚園、児童館などでコンサートを行うほか、保育者向け講習会や保育雑誌への執筆などで活躍中。

こばやしゆうすけ

愛称はコボちゃん。キッズスマイルカンパニー所属。2018年に認可保育園を設立。園長として保育に携わるとともに、あそび歌作家として、保育者研修会、子育て支援センターなどで活動している。

CD収録曲 *数字は、CDトラックナンバーです。

01 ふわふわちょうちょ
作詞・作曲・歌／ジャイアンとばば　アレンジ・録音／森光 明

02 こっくん こっくん
作詞・作曲／おはぎ　歌／ジャイアンとばば　アレンジ・録音／森光 明

03 んーぱっ！
作詞・作曲・歌／すえっこ　アレンジ／森光 明　録音／中山 圭　森光 明

04 ハハハのハクション
作詞・作曲・歌／ジャイアンとばば　アレンジ・録音／森光 明

05 プープーふうせん
作詞／南夢未　作曲／さあか　歌／南夢未　アレンジ・録音／森光 明

06 うにゅっ ぱー
作詞・作曲・歌／入江浩子　アレンジ・録音／森光 明

07 きしゃぽっぽ
作詞・作曲・歌／高嶋愛　アレンジ／森光 明　録音／中山 圭　森光 明

08 ぬりぬりチョン
作詞・作曲・歌／高嶋愛　アレンジ／森光 明　録音／中山 圭　森光 明

09 ちゅるっちゅる
作詞／川崎ちさと　作曲／入江浩子　歌／すかんぼ　アレンジ／平井敬人　録音／中山 圭　平井敬人

10 かぜさん ふー
作詞・作曲・歌／ジャイアンとばば　アレンジ・録音／森光 明

11 おさんぽむしさん
作詞・作曲・歌／ジャイアンとばば　アレンジ・録音／森光 明

12・13 ちょうちょのおさんぽ
作詞・作曲・歌／根岸みゆき　アレンジ／宮田真由美　録音／中山 圭　宮田真由美

14 ガブチョ
作詞・作曲・歌／ジャイアンとばば　アレンジ・録音／森光 明

15 くっつきむーし
作詞・作曲／浦中こういち　歌・アレンジ・録音／落合さとこ

16 あらいぐま・ぐま
作詞・作曲・歌／はらくん　アレンジ・録音／森光 明

17 トンネルとんとん
作詞・作曲／浦中こういち　歌・アレンジ・録音／落合さとこ

18 じろりんこ
作詞・作曲／キャンディ　歌／ジャイアンとばば　アレンジ・録音／森光 明

19 ゴリランラン
作詞／浦中こういち　作曲／犬飼涼太　歌／入江浩子　アレンジ／犬飼涼太　録音／中山 圭　犬飼涼太

20 うめぼし
作詞・作曲／伊藤利雄　歌／落合さとこ　アレンジ・録音／森光 明

21 おはよ パッ！
作詞／南夢未　作曲／さあか　歌／南夢未　アレンジ・録音／森光 明

22 トントンフリフリくるりんぱ
作詞・作曲・歌／すかんぼ　アレンジ／平井敬人　録音／中山 圭　平井敬人

23 マイマイ行進曲
作詞／川崎ちさと　作曲／入江浩子　歌／すかんぼ　アレンジ／森光 明　録音／中山 圭　森光 明

24 くさのなかから
作詞・作曲・歌／入江浩子　アレンジ・録音／森光 明

25 子ネコのおにごっこ
作詞・作曲／伊藤利雄　歌／落合さとこ　アレンジ・録音／森光 明

26 わきばら
作詞・作曲・歌／カワクボメガネ　アレンジ・録音／森光 明

27 ラッコさんこんにちは
作詞・作曲・歌／はらくん　アレンジ・録音／森光 明

28 そんなにかわいいかおしたら
作詞・作曲／小沢かづと　歌・アレンジ・録音／落合さとこ

29 おきてよ おきて！！
作詞・作曲・歌／ジャイアンとばば　アレンジ・録音／森光 明

30 にぎってね
作詞・作曲・歌／DonU　アレンジ／森光 明　録音／中山 圭　森光 明

31 おはなし おてて
作詞・作曲・歌／高嶋愛　アレンジ／森光 明　録音／中山 圭　森光 明

32 カカール ケルカル
作詞／川崎ちさと　作曲／入江浩子　歌／すかんぼ　アレンジ・録音／森光 明

33 やっぱりキノコ
作詞・作曲・歌／はらくん　アレンジ・録音／宮田真由美

34 れいぞうこ
作詞・作曲／近藤かをる　歌／あしたま　アレンジ／平井敬人　録音／中山 圭　平井敬人

35 どうぶつでんしゃ
作詞・作曲・歌／小沢かづと　アレンジ／宮田真由美　録音／中山 圭　宮田真由美

36 小さい怪獣体操
作詞・作曲・歌／はらくん　アレンジ・録音／森光 明

37 スケートアニマル体操
作詞・作曲・歌／はらくん　アレンジ・録音／森光 明

38 クリスマスどうします？
作詞・作曲・歌／福田翔　アレンジ／宮田真由美　録音／中山 圭　宮田真由美

39 列車で出発！
作詞／南夢未　作曲／さあか　歌／南夢未　アレンジ・録音／森光 明

40 ダルマさん
作詞・作曲／伊藤利雄　歌・アレンジ・録音／落合さとこ

41 はじまるよ
作詞・作曲・歌／入江浩子　アレンジ・録音／森光 明

42 イエイ イエイ イエーイ
作詞・作曲・歌／入江浩子　アレンジ・録音／森光 明

43 おさんぽポッポー
作詞・作曲・歌／ジャイアンとばば　アレンジ・録音／森光 明

44 ポンポン ポップコーン
作詞・作曲・歌／ジャイアンとばば　アレンジ・録音／森光 明

45 さくらのダンス
作詞／南夢未　作曲／さあか　歌／南夢未　アレンジ・録音／森光 明

46 サクラのはなびら ラッパバン
作詞・作曲・歌／こばやしゆうすけ　アレンジ／森光 明　録音／中山 圭　森光 明

staff

案●あしたま　伊藤利雄　入江浩子　浦中こういち　小沢かづと　カワクボメガネ
こばやしゆうすけ　ジャイアンとばば　小宇宙会　すえっこ　すかんぼ　高嶋愛
DonU　はらくん　福田翔　南夢未　りょうた（五十音順）

表紙イラスト●ひのあけみ
表紙・本文デザイン●高橋陽子
楽譜●石川ゆかり　フロム・サーティ　山縣敦子
本文イラスト●石崎伸子　菅谷暁美　たかぎ＊のぶこ　とみたみはる　中小路ムツヨ
ひのあけみ　町塚かおり　やまざきかおり　わたいしおり
校閲●草樹社
編集・制作●リボングラス